実践にいかす

特別支援教育・
障がい児保育の理論と支援

小川圭子　矢野　正 編著

稲田達也	西尾祐美子	池内昌美
野村宗嗣	中　佳久	松村朋子
葉山貴美子	安田誠人	原田敬文
大西清文	正木泰次	木戸里香
森口由佳子	橘岡正樹	佐藤　薫
鈴木由美	田中いずみ	堂前芳子
石上浩美		

嵯峨野書院

はじめに

　特別支援教育が 2007（平成 19）年に法制化されて早 10 年余が経過した現在，特別な教育的ニーズの高まりを受けて，個の特性に応じた配慮・支援を必要とする幼児・児童・生徒への理解と対応が，幼児期から高等学校期に至るすべての年齢段階で，また，通常の学級を含む学校教育・保育のあらゆる場で求められています。

　このような状況を受けて公刊された本書は，特別支援教育や障がい児保育について深く学び，各種の教員免許状を取得しようとする方々をおもな対象としています。教育職員免許法施行規則に定められた第 1 欄「特別支援教育の基礎理論に関する科目」にあたる本書は，特別支援教育の免許を取得しようとする人だけでなく，保育者を目指す方々や現在教職についているすべての方々に理解しておいて頂きたい，特別支援教育／保育の基礎知識を総合的に網羅した内容となっています。

　本書は，全 14 章から構成されています。まず，特別支援教育・インクルーシブ教育が何を目ざしているのか，また特別支援教育がなぜ求められるようになったのかについて述べ，障がい理解のための基本的な視点や視座を概説しています。次に，教育・保育の根本にある学校教育法等をもとに，歴史的な経緯も振り返りながら，現在の特別支援教育の制度について詳しく述べ，そのなかでもとくに重要な個別の教育支援計画や基礎的環境整備について具体的に説明しています。さらに，子どものライフサイクルを見据えた長期的視点として，障がいのある子どもの就学の問題や学校教育修了後の進路と生活についても解説しています。

　障がい各論では，障がいのある子どもとのかかわり方について，視覚や聴覚の障がい，知的障がい，肢体不自由，発達障がいなど，さまざまな障がいの特性理解とそれに基づく適切な配慮・支援のあり方を説明しています。また，近年増加している外国籍や貧困を背景とした子どもへの配慮・支援についても取り上げ，従来の「障がい」の枠を超えた特別な教育的ニーズへの対応についても論じようと努めました。

　本書の最もすぐれた特徴は，教育・保育現場の事例をふんだんに用い，順序立てて学ぶことができるよう，各章末に「step1」「step2」「step3」と演習問題を設け，「主体的・対話的で深い学び」につながるような章立てやページ編成となっているところです。また，お薦めの参考図書についてもできるだけ魅力のあるものを挙げていただいております。

　本書が多くの教育・保育関係者の手にとられ，子ども一人ひとりの違いを尊重し，特性や個性に応じた教育・保育実践，日本社会全体の理解につながっていくことを願ってやみません。

2020 年 9 月

編著者　小川　圭子

矢野　　正

「障害」等の表記について

　「障害」の用語については，近年「障がい」あるいは「障碍」などの表記も用いられるようになっている。一般社団法人日本 LD 学会編の『LD・ADHD 等関連用語集 第 4 版』では，法律名や制度名，障害名や診断名を表記する際，「障害」をそのまま使用している。しかし，そのことが大きな危険もはらんでいることを踏まえ，本書ではできるだけ「障がい」の表記で統一できるよう努めた。ASD（autism spectrum disorder）についても，同書では「自閉スペクトラム症」や「自閉症スペクトラム障がい」という訳名が両方併記されており，どちらも教育・保育現場で用いられているが，本書では「自閉症スペクトラム障がい」と表記している。

　また，従前の AD/HD をあえて「注意欠如／多動性障がい」と記載しているのも同様の考え方によるものである。注意欠陥多動性障がいという方が一般的だが，欠陥という言葉が一人歩きしてしまい，障がい児・者の差別を助長することがないように，本書ではとくに用語の使用に配慮しながら，注意欠如／多動性障がいとすることとした。

　なお本文には，誰にとっても読みやすい平易な字体として，ユニバーサルデザインである「UD フォント」を一部，使用している。幼稚園教諭や保育士・保育教諭については，「保育者」に表記を統一した。

目次

特別支援教育・障がい児保育入門

1 「障がい」について学ぶ意味

　これから保育士や幼稚園教諭などを目指す人のなかには，特別支援教育や障がい児保育について学ぶことを意外に感じた人もいるかもしれない。しかし，保育士の活躍の場や保育士・幼稚園教諭といった保育者に求められる役割について理解すれば，特別支援教育や障がい児保育について学ぶことは意外なことではなく，むしろ必須であることがわかる。

　まず，保育士の活躍の場についてである。保育士は，**児童福祉法**第 18 条第 4 項によると，「保育士の名称を用いて専門的知識および技術をもって，児童の保育及び児童の保護者に対する保育に関する指導を行うことを業とする者」であり，**保育所**以外にも**児童養護施設**や**乳児院**，**母子生活支援施設**，**障害児入所施設**などの児童福祉施設などで保育や地域の子育て支援の仕事を行う。たとえば障害児入所施設では，保育士は医師や看護師，作業療法士などの職員と協力しながら障がいのある子どもの保育を行っている。その際に，障がいのある子どもの保育を行うための専門性が必要とされることは，自ずと理解できるのではないだろうか。では，保育所や幼稚園，認定こども園などで働く場合には，そのような知識は不要なのだろうか。決してそのようなことではない。文部科学省が 2012 年に全国の小中学校を対象に行った調査によると，あくまでも教員の見立てに基づくデータであるが，6.5％の児童生徒に発達障がいの傾向があった（学習面で著しい困難を示す児童生徒 4.5％，「不注意」または「多動性－衝動性」の問題を著しく示す児童生徒 3.1％，「対人関係やこだわり等」の問題を著しく示す児童生徒 1.1％）とされ，30 人クラスのうち 2 人くらいの割合である（図 1-1）。

　発達障がいに限らず，通級で指導を受ける障がいのある児童生徒も増えている。先述の通りこれらは小中学校におけるデータだが，その前段階にある保育所や幼稚園，認定こども園にも通じる結果であると考えられる。これから保育者になるなら，発達障がいの傾向や各種障がいのある子どもにかかわる可能性はかなり高いといえる。どのようにかかわり，支援・援助するのがよいか，想像がつくだろうか。発達障がいとはどのようなものか，よくわからない人も多いのではないだろうか。だからこそ，教員養成・保育者養成のカリキュラムに特別支援教育および障がい児保育が組み込まれているのである。実際に，幼稚園教育のガイドラインである幼稚園教

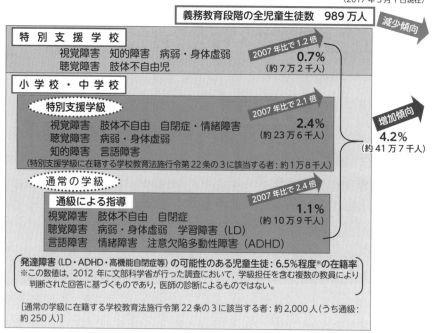

図 1-1　特別支援教育の対象の概念図（義務教育段階）（文献 4 より引用）

育要領では，幼稚園教諭が障がいのある子どもについて個別の教育支援計画を作成したり，個々の状態に応じた指導内容や方法を工夫することが求められている。

　本書では，身体障がい，知的障がい，言語障がい，発達障がいなど，さまざまな障がいについて学んでいくこととなる。それぞれに特徴があり，教育・保育における配慮事項なども異なっている。それらの知識はもちろん重要だが，それ以上に重要な視点は，障がい児である前にひとりの子どもである，という視点である。それぞれの子どもの個性や生まれ持った性格，特性があるのであり，一般的な障がい特性やその対応に関する基礎的知識が，すべての子どもにすべてあてはまるわけではない。実際に障がいのある子どもと心から向き合い，かかわり合うなかでしかわからないこともたくさんあるだろう。また，「この子は〇〇障がいに違いない」と診断を下すのは保育者の役割ではない。つねに「その子が何で困っているのか？」「なぜこのような行動をするのか？」を考え，そこに寄り添う形で支援の仕方を考え，実践していくことこそが，これからの保育・教育者に求められていることである。一人ひとり異なる子どもを真の意味で理解することは，簡単なことではないかもしれないが，これから身に付ける知識や考え方を足掛かりにしながら，目の前の子どもをより深く理解し，よりよく支援することに繋げていってほしい。

2　障がいの知識を学ぶ前に

　あなたは「障がい」と聞くと，どのようなイメージ・感想を持つだろうか。「かわいそう」「大変そう」「誰かの助けがないと生きていけない」などといったネガティブなものだろうか。あるいは，「障がいがあることも一つの個性」「障がいがありながら，周囲を勇気づけたり，社会で活躍するなどする人も多くいる」といった，比較的ポジティブなものだろうか。またそのイメージは，どのようにして作られたものなのだろうか。これまでに障がいのある人と接する機会が多く，その経験に基づいたイメージを形作ってきた人もいれば，本やアニメ，映画などを通して見たり知ったりした人もいるだろう。今まででは，ほどんど「障がい」そのものや「障がい」にかかわる情報に触れる機会がなかった人も多いかもしれない。

　近年では，「障がい」をテーマにしたさまざまな小説や漫画，テレビドラマや映画がある。たとえば，『光とともに…～自閉症児を抱えて～』という漫画では，自閉症である光くんとその母である幸子を主人公とした作品である。東家に生まれた光が自閉症であることが判明し，そのことに対する家族の葛藤や日常生活の大変さ，自治体の制度の未整備などによる苦労，保育園から小学校の特別支援学級での生活を経て，中学校の特別支援学級へ進学した光の成長と新たに直面する問題などが描かれている。また，『たったひとつのたからもの』は，ダウン症をかかえて生まれた息子，秋雪くんの生涯を母が手記として出版したもので，テレビドラマにもなっている。一見すると，漫画やドラマというと浮ついた，誇張されたものと考える人もいるかもしれないが，これらの作品や著書のように，綿密な取材や実体験に基づいたものも多くあり，それらを通してたくさんのことを学ぶこともできる。ぜひ，どのようなものがあるかを調べ，座学と並行して障がいに関する知識の幅や引き出しを増やしてほしい。

3　「しょうがい」の表記について

　みなさんは，「しょうがい」という言葉を聞いて，「障害」「障がい」「障碍」のどれを思い浮かべるだろうか。場面によってさまざまな表記を目にすることがあるので，戸惑ったことがある人も多いのではないだろうか。このような，表記の不統一は，いつ頃から生まれたのだろうか。また，その背景には，どのような考え方・主張があるのだろうか。

　まず，最も古くから用いられていることばは，「障碍」である。これは，仏教において，悟りを開くための妨げとなるものを意味し，平安時代から用いられていた。

一方「障害」は，江戸時代に使われ始めた表記である。戦後の日本で，常用漢字として「障害」が採用されたことから，近年まではこの表記が主流であった。それが，21世紀の初めごろから，害という字は，「公害」や「害虫」などのように使われることから，不快なイメージがあり，人を表す字として不適切かつ差別的であるとの意見が高まり，「障碍」や「障がい」などの表記が模索された。しかし，「障碍」の碍という字は馴染みにくいことや，文字を置き換えても根本的な解決にはならないなどといったさまざまな意見があり，現在のところ，結論はまだ出ていない。

　このことは，簡単に結論を出せるものではないが，今後「障害」「障碍」「障がい」というそれぞれの表記を目にした際には，その表現に使用者のどのような思いが込められているのか想像してみてほしい。また，自分ならどのように表記するのが良いと思うか考えておくことは，そもそも「障がいがある」とはどのようなことなのかという問いに通じると言えるだろう。

4　「障がいがある」とは —障がいを捉える2つのモデル—

　障がいを捉えるモデルとして，**医学モデル**（個人モデル）と**社会モデル**がある。従来の障がいの捉え方であった医学モデル（個人モデル）では，その人の中に「異常」を見つけ，「診断」すること，そしてその「異常」を治そうとすることが基本であった。たとえば，足が不自由で階段を上り下りできず，電車に乗れない人がいたとする。そのときに，医学モデルでは，「足が不自由なために電車に乗れないのだから，自分の足を動かし歩くことができるようリハビリをしてあげましょう」という考え方になる。

　一方，社会モデルは，障がいを「正常ではない」「よくない」状態として捉える視点である医学モデル（個人モデル）への批判の中から生まれたモデルである。社会モデルでは，障がいをその人の身体にあるものではなく，社会の側の問題として捉え，社会を変えることで障がいを解決できると考える。上の例でいうと，「足が不自由な人が電車に乗れないのは，駅の設備のせい，あるいはサポートする人がいないせいなのだから，スロープやエレベーターを整備したり，きちんと電車に乗れるまでサポートしてくれる人員を配置したりといった対応をしましょう」という考え方である。

　この社会モデルの考え方に関連して，近年「**合理的配慮**（reasonable accommodation）」ということばが広まっている。これは，障害者差別解消法が2016（平成28）年に施行されたことで広まってきたことばである。「差別」というと，「障がいがあることを理由に入店を拒否する」といった積極的な拒否を想像するかもしれない。しかし同法の中では，積極的に拒否をしていなくても，障がい

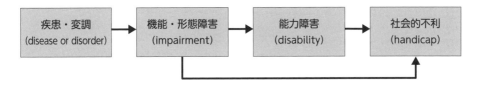

図 1-2　世界保健機関（WHO）による障害構造モデル（1980 年）

のある人の参加を阻害する状況を作っていることが，差別となりうるとしている。つまり，合理的配慮をしないことが差別になるという認識になってきている。障がい児・者から何らかの助けを求める意思の表明があった場合，過度な負担になり過ぎない範囲で便宜を図るということである。ここでは過度な負担になり過ぎない範囲でというのがポイントである。入り口に段差があるために車椅子の人が利用できないレストランがあった場合，スロープを設けるといった配慮をしないことは差別になりうる。しかし，スペース上の都合や費用の観点を考慮して，負担が過重になってしまう場合はその限りではないということである。

　教育・保育場面における合理的配慮の例としては，

・指示の理解に困難のある子に対し，指示を一つずつ出すようにしたり，見通しが立つように，その日の予定をカードや表にしたりすること。

・肢体や視覚が不自由な子どもの場合，介助者や盲導犬の補助を受けながら学校生活を送れるようにすること。

などが挙げられる。もちろんどのような配慮が必要になるかは，子ども一人ひとりの特性や生活における場面，環境によって異なるが，実施にともなう負担が過重にならない範囲内で，障がいのある子どもへの教育・保育環境の充実が一層望まれている。

5　国際的な障がいの定義

（1）国際障害分類

　世界保健機関（WHO）は，1980 年に**国際障害分類**（International Classification of Impairments, Disabilities and Handicaps: ICIDH）を発表し，「障害構造モデル」を提示した。疾患・変調（disease or disorder）が機能・形態障がい（impairment）を，機能・形態障がいが能力障がい（disability）を引き起こし，機能・形態障がいと能力障がいが社会的不利（handicap）の要因になるという考え方である（図 1-2）。歩行困難な脳性まひの場合を考えてみよう。何らかの疾患により，下肢の機能面での障がいが起こる（機能障がい）。それによって歩行が困難となる（能力障がい）。結果として，目的の場所へ移動することが困難になったり，日常生活が困難になったりする（社

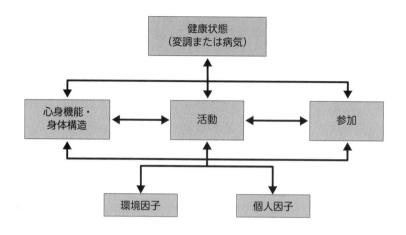

図1-3　世界保健機関（WHO）の障害の定義（2001年）

会的不利）。このような障がい観のもとでは，最初に医学的な治療や処置があり，次に機能訓練，そしてバリアフリーな環境づくりは最後にくる構造であった。この考え方は，さまざまな社会的不利の原因を障がい者自身のみに帰す「医学モデル」そのものであり，当事者団体を中心とした批判があった。

（2）国際生活機能分類

　国際生活機能分類（International Classification of functioning, Disability and Health: ICF）は，世界保健機関（WHO）が2001年の世界保健総会において，国際障害分類の改訂版として採択した医療基準である。そのなかで提示されている障がいの定義が，従来の障がい観と異なっているのは，「心身機能・身体構造」「活動」「参加」という三つの次元の間を，双方向の矢印で結んでいる点である（図1-3）。たとえば，仮にゆっくりなら歩いて移動できる能力を持っている人でも，その能力を使わないでいると身体機能が衰えてしまう。また，社会参加をしているかどうかということも，活動や身体機能に影響する。障がいの状態が固定的なものではなく，生活の実態によって変わりうるという考え方である。

　また，図を見て最初に気付くであろうことは，「個人因子」と「環境因子」も障がいの状態に影響してくるということである。「個人因子」とは，性別，人種，年齢，その他の健康状態，体力，ライフスタイルなどであり，「環境因子」とは，家庭や学校から地域の社会構造，人びとの態度までを含む。

　教育・保育場面で頻繁にパニックを起こす発達障がいのある子どもA児を例に，ICFについて理解を深めてみよう。第9章で扱う発達障がいは，脳の機能障がいであるとされている。A児は発達障がいであり，聴覚刺激の過敏さや見通しの持ち

にくさという障がい特性（心身機能の障がい）がある。しかし，適切な教育・保育環境が整備されず（環境因子の不備），逆にA児をその環境に慣れさせようとしたために混乱してしまった（個人因子のみへの誤ったアプローチ）。掲示物や声掛けなどの刺激を減らし（環境因子の改善），視覚の優位性という本人の強み（個人因子）に合わせて絵カードや遊びを取り入れる指導（環境因子の改善）などの取り組みを行った結果，集団生活が徐々に可能になっていった（活動と参加）。

6　日本の障がい児・者の定義

　本章のまとめとして，日本における障がい児・者の定義について確認しておきたい。日本の障がい児・者施策を推進する中核となる法律が，2013（平成25）年に改正された「障害者基本法」である。そのなかで，障がい者は次のように定義されている。

> 第二条
> 　一　身体障害，知的障害，精神障害（発達障害を含む。）その他の心身の機能の障害（以下「障害」と総称する。）がある者であつて，障害及び社会的障壁により継続的に日常生活又は社会生活に相当な制限を受ける状態にあるものをいう。
> 　二　社会的障壁　障害がある者にとって日常生活又は社会生活を営む上で障壁となるような社会における事物，制度，慣行，観念その他一切のものをいう。

　次に，「障がい児」については，児童福祉法において次のように定義されている。

> 第四条
> 　二　この法律で，障害児とは，身体に障害のある児童，知的障害のある児童，精神に障害のある児童［発達障害者支援法（平成十六年法律第百六十七号）第二条第二項に規定する発達障害児を含む。］又は治療方法が確立していない疾病その他の特殊の疾病であって障害者の日常生活及び社会生活を総合的に支援するための法律（平成十七年法律第百二十三号）第四条第一項の政令で定めるものによる障害の程度が同項の厚生労働大臣が定める程度である児童をいう。

ここで「身体障害」ではなく「身体に障害のある児童」，「精神障害」ではなく「精神に障害のある児童」としているのは，**障害者手帳や医師の診断がなくとも，早期に福祉的な支援を受けられるように配慮してのこと**である。障がいの確定よりも早期の支援を重視している点で，**子どもの最善の利益**の視点に立っていると言える。また，支援が必要と判断されれば，医師の診断がない「気になる子」も対象となり得るのである。

■ **引用・参考文献** ■

1）西村重稀，水田敏郎編『障害児保育』中央法規出版，2015 年

2）星山麻木編『障害児保育ワークブック インクルーシブな保育・教育をめざして』萌文書林，2019 年

3）厚生労働省編『保育所保育指針解説〈平成 30 年 3 月〉』フレーベル館，2018 年

4）内閣府『令和元年版 障害者白書（全体版）』（2020 年 4 月 22 日閲覧）

　https://www8.cao.go.jp/shougai/whitepaper/r01hakusho/zenbun/h1_02_01_01.html

■ **お薦めの参考図書** ■

①戸部けいこ『光とともに…〜自閉症児を抱えて〜（文庫版，全 10 巻）』秋田書店，2010-2012 年

②加藤浩美『息子・秋雪との六年 たったひとつのたからもの』文藝春秋，2003 年

③乙武洋匡『五体不満足 完全版』講談社文庫，2001 年

④ヘレン・ケラー『奇跡の人 ヘレン・ケラー自伝』新潮文庫，2004 年

⑤坂爪一幸，湯汲英史編『知的障害・発達障害のある人の合理的配慮』かもがわ出版，2015 年

演 習 問 題

Step1　障がいのある人が自分の通っていた園や学校にいたことはあるだろうか。そして，かかわったことはあるだろうか。思い出して書いてみよう。

Step2　テレビや本（漫画も含む），映画などで障がいのある人が出ているものを見たり，読んだりしたことはあるだろうか。そのときの感想はどのようなものだっただろうか。思い出して書いてみよう。

Step3　周りと交流した意見を聞いて，参考になったことを書いてみよう。

第 2 章

特別支援教育・障がい児保育の理念と形態

　すべての子どもにとって，同じ進め方や形式の教育・保育がよいといえるだろうか？当然のことながら，答えは「No」である。とくに，心身の障がいなどの理由で特別な支援が必要な子どもについては，その能力や可能性を最大限に伸ばし，各々のニーズに応じた教育・保育を提供することが望まれる。そのために，幼稚園，小学校，中学校，高校では特別支援教育，保育所等では障がい児保育が行われている。

　本章では，特別支援教育，障がい児保育の理念（こうあるべきだという根本の考え）と形態を説明したうえで，保育所や幼稚園，認定こども園，学校等における教育・保育実践がどのように行われるべきかについて概観していく。

1　特別支援教育

（1）特別支援教育の理念

　文部科学省初等中等教育局長通知 [1] の「特別支援教育の推進について（通知）」において，特別支援教育の理念は以下のように示されている（一部抜粋）。

> 　特別支援教育は、障害のある幼児児童生徒の自立や社会参加に向けた主体的な取組を支援するという視点に立ち、幼児児童生徒一人一人の教育的ニーズを把握し、その持てる力を高め、生活や学習上の困難を改善又は克服するため、適切な指導及び必要な支援を行うものである。
>
> 　また、特別支援教育は、これまでの特殊教育の対象の障害だけでなく、知的な遅れのない発達障害も含めて、特別な支援を必要とする幼児児童生徒が在籍する全ての学校において実施されるものである。

　2007（平成 19）年に，「障がいの種類と程度に応じた」**特殊教育**が，「一人一人のニーズに応じた」**特別支援教育**へと転換された。特別支援教育のおもな特徴は，2 点挙げられる。1 点目は，通常学級に在籍している特別な支援を必要とする子どもまで支援の対象を拡大したことである。その結果，これまでの特殊教育が対象としていた視覚障がい，聴覚障がい，知的障がい，肢体不自由，病弱，言語障がい，情緒障がいに加えて，学習障がい（Learning Disability: LD），注意欠如／多動性障がい（Attention-Deficit/Hyperactivity Disorder: AD/HD），自閉症スペクトラム障

がい（Autism Spectrum Disorder: ASD）といった発達障がいも対象となった。

2点目は，校外の医療や福祉，就労との連携を図り，生涯を通した支援体制として特別支援教育を位置付けるとともに，校園内の支援体制を確立したことである。校園長のリーダーシップのもと，子どもが有する教育的ニーズの把握，支援内容の検討および評価，外部機関との調整，校内研修の企画などを役割とする**校内委員会**を設置した。また，各学校における特別支援教育推進のキーパーソンとなる**特別支援教育コーディネーター**を指名することとなった。特別支援教育コーディネーターは，校内委員会の中心となるだけでなく，校内外の支援源をうまく機能させる役割も担う。

また，特別支援教育において支援の計画，実施，評価を行ううえで重要となるのが，長期的な視点で乳幼児期から学校卒業後まで一貫して，的確に支援することを目的とした**個別の教育支援計画**である。情報を共有し，支援の目標や内容，役割分担などについて，学校と保護者だけでなく，医療，福祉など関係機関との共通理解を深め，連続性のある支援を行うことが意図されている。他方で，障がいの状態に応じてきめ細やかな指導が行えるよう，学校の教育課程や指導計画，個別の教育支援計画などを踏まえて，指導目標や指導内容・方法を盛り込んだ**個別の指導計画**もある。

特別支援教育の推進には，障がいのある子どもの不適応を未然に防止する効果も期待されている。不登校に関する調査研究協力者会議[2]において，不登校の背景として発達障がいが指摘されて以降，コミュニケーションや対人関係の困難を抱える発達障がい児は，いじめなどの対人トラブルに巻き込まれやすいことが明らかにされている[3]。障がいの医学的診断にこだわらず，多面的・多角的に実態把握を行い，ニーズに沿って指導するという姿勢が浸透していくことにより，障がいのある子どもへの教育のみならず学校教育全体の充実につながることが期待される。

（2）特別支援教育の形態

特別支援教育は，現状で通常学級のほか，**特別支援学校**，**特別支援学級**，**通級指導教室**の4つの形態により行われている。以下で，2017（平成29）年に改訂された学習指導要領[4]，文部科学省初等中等教育局[5]の定義とともに，それぞれの特徴や仕組みについて説明する。

1）通常学級における指導

> 障害のある児童などについては，特別支援学校等の助言又は援助を活用しつつ，個々の児童の障害の状態等に応じた指導内容や指導方法の工夫を組織的かつ計画的に行うものとする。

学校教育法において，幼稚園，小学校，中学校，高等学校等で障がいのある児童生徒等に対し，障がいによる学習上または生活上の困難を克服するための教育を行うことが規定されている。文部科学省初等中等教育局の調査[6]によれば，通常学級に在籍する児童生徒のうち，学習面（「聞く」「話す」「読む」「書く」「計算する」「推論する」）または行動面（「不注意」「多動性－衝動性」「対人関係やこだわり等」）で著しい困難を示すとされた割合は，6.5%であった。すなわち，障がいの有無にかかわらず，個に応じた配慮や支援を必要とする子どもが通常学級のなかにも数多く存在している。したがって，すべての教職員が特別支援教育の目的や意義，障がいに関する知識や配慮などについて十分に理解しておくことが求められる。

さらに，通常学級における特別支援教育では，学級運営の視点から支援の対象となる児童生徒だけでなく，他の児童生徒との関係や学級全体の雰囲気を捉え，学級内のすべての児童生徒にとってわかりやすい指導と支援についても考える必要がある。

2）特別支援学校

> 視覚障害者、聴覚障害者、知的障害者、肢体不自由者及び病弱者（身体虚弱者を含む。）を対象としている。幼稚部、小学部、中学部および高等部が置かれる。

特別支援学校は，対象となる幼児児童生徒の増加や障がいの重度・重複化を踏まえ，障がい種別にとらわれず一本化された学校である。さらに，中央教育審議会初等中等教育分科会特別支援教育特別委員会[7]において，**センター的機能**が特別支援学校の大きな役割として述べられている。センター的機能とは，①小・中学校等の教員への支援機能，②特別支援教育等に関する相談・情報提供機能，③障がいのある幼児児童生徒への指導・支援機能，④福祉，医療，労働などの関係機関等との連絡・調整機能，⑤小・中学校等の教員に対する研修協力機能，⑥障がいのある幼児児童生徒への施設設備等の提供機能，を指す。つまり，特別支援学校には，今後の特別支援教育を支えていく存在としての役割が期待されている。

3）特別支援学級

> 障害のある児童生徒のために小・中学校に置かれる学級であり，知的障害，肢体不自由，病弱・身体虚弱，弱視，難聴，言語障害，自閉症・情緒障害の学級がある。

特別支援学級に在籍する子どもは，特別支援学級の教師が担任（1クラス8名程度）を受け持ち，基本的には特別支援学級で少人数による教育や個々の課題にあった授業を受ける。しかし，体育や図画工作（教科交流），給食（生活交流），運動会等（学校行事），クラブ活動（特別活動）などの時間は，通常学級の子どもたちと一緒に過ごす場合も多い。また，特別支援学級の担任は，通常学級に在籍し支援を有する子どものアセスメントや指導に関する助言，教材・教具の提供など校内の特別支援教育における中心的な役割も望まれている。

4）通級指導教室

> 小・中学校の通常の学級に在籍している障害のある児童生徒が，ほとんどの授業を通常の学級で受けながら，障害の状態等に応じた特別の指導を特別な場（通級指導教室）で受ける指導形態であり，言語障害，自閉症，情緒障害，学習障害（LD），注意欠如／多動性障害（AD/HD）などを対象としている。

通級による指導は，自立活動と教科指導の補充をあわせて，年間35単位時間（週1単位時間）から年間280単位時間（週8単位時間）まで，LD，AD/HDの児童生徒は年間10単位時間（月1単位時間）から年間280単位時間までが標準とされている。

通級による指導を受ける子どもは，通常学級に在籍し，各教科の授業や給食といった学校生活の大部分を通常学級で過ごす。週または月に何時間かある通級による指導の時間のみ，**通級指導教室**に通う。通級指導教室は障がい別（たとえば，言語障がいは「**ことばの教室**」，発達障がいは「**情緒等通級指導教室**」）に分かれており，必ずしも在籍校に該当する「自校通級」があるとは限らない。他校に設置された通級指導教室へ授業を受けに行く「他校通級」の2通りがある。

2 障がい児保育

（1）障がい児保育の理念

2018（平成30）年より適用された保育所保育指針[8]では，「第1章 総則」の「3 保育の計画及び評価」において，以下のように障がいのある子どもの保育に関して述べられている。

> 障害のある子どもの保育については，一人一人の子どもの発達過程や障害の状態を把握し，適切な環境の下で，障害のある子どもが他の子どもとの生活を通して共に成長できるよう，指導計画の中に位置付けること。また，子どもの状況に応じた保育を実施する観点から，家庭や関係機関と連携した支援のための計画を個別に作成するなど適切な対応を図ること。

保育所保育指針解説[9]では，障がい児保育に従事する保育士に求められることとして，①発達してきた過程や心身の状態を把握し，保育所の生活の中で考えられる育ちや困難の状態を理解すること，②他の子どもと共に成功する体験を重ね，子ども同士が落ち着いた雰囲気の中で育ち合えるよう工夫することが，挙げられている。

就学時のサポートについても，「保護者や関係する児童発達支援センター等の関係機関が，子どもの発達について，それまでの経過やその後の見通しについて協議を行う」とされている。就学に向けて資料を作成し引き継ぐなど，保育所に限らず他機関で行われてきた支援も就学以降につなげていく必要がある。

また，「第3章 健康及び安全」の「2 食育の推進」では，食育における障がいのある子どもへの配慮についても触れられている。

> 体調不良，食物アレルギー，障害のある子どもなど，一人一人の子どもの心身の状態等に応じ，嘱託医，かかりつけ医等の指示や協力の下に適切に対応すること。栄養士が配置されている場合は，専門性を生かした対応を図ること。

保育所保育指針解説[9]によれば，障がいのある子どもに対し，必要に応じてほかの子どもと異なる食事を提供する場合があり，食事の摂取に際しては，医師などによる指導，指示に従って，介助を行う。また，ほかの子どもや保護者が，障がいのある子どもの食生活について理解できるような配慮も求められる。

さらに，「第4章 子育て支援」の「2 保育所を利用している保護者に対する子育て支援」で，障がいのある子どもをもつ保護者への支援について述べられている。

> 子どもに障害や発達上の課題が見られる場合には、市町村や関係機関と連携及び協力を図りつつ、保護者に対する個別の支援を行うよう努めること。

保育所保育指針解説[9]では，子どもだけでなく保護者を含む家庭への援助に関する計画や記録を個別に作成するなど，適切な対応を図る必要があるとされる。

具体的には，育てにくさを感じている保護者に対し，子どもへの理解や対応に関するプログラムや研修会を紹介する，専門機関からの助言を受ける，などが挙げられる。

(2) 障がい児保育の形態

　障がいのある子どもの保育には，大きく分けて**統合保育**と**分離保育**，**インクルーシブ保育**の3つの形態がある。以下で，それぞれの特徴や仕組みについて解説する。

1) 統合保育（インテグレーション）

　統合保育とは，障がいのない集団の中で，数名の障がいのある乳幼児を一緒に保育する形態である。なかには，障がいのある乳幼児のみのクラスを園内に設けて個別に保育し，自由遊びや行事などの際に部分的な統合を行う形態をとる場合もある。統合保育では，障がいのある子どもを適切に支援しながら保育業務を担う保育士を，基準より多く配置する**加配**が行われることが多い。加配が認められる条件は対象となる子どもの障がいの状態により異なるうえ，判断基準は市町村や自治体によっても異なるのが現状である。また，加配できる人数の基準も障がい児3人につき保育士1人，障がい児1人につき保育士1人など，市町村や自治体によって異なる。一般的に，保護者や保育所からの申請によって加配が始まり，申請には医師の診断書などが必要な場合もある。加配された保育士は必ずしも，障がいのある子どもにつねに付き添うというわけではなく，そのクラスに加配保育士が入ることで，クラス全体のサポートをするなどの対応をとることもある。

2) 分離保育（セグリゲーション）

　分離保育とは，障がいをもつ乳幼児だけの集団保育のことであり，保育士だけでなく理学療法士や作業療法士，心理職などさまざまな専門職が保育にかかわるのがおもな特徴である。日常生活能力の維持・向上のための訓練，コミュニケーションの支援，食事・排せつ・入浴などの介護を行う**入所施設**と，発達支援や集団生活への適応訓練などを行う**通所施設（発達支援センター）**がある。さらに，双方とも福祉サービスを行う「福祉型」と，福祉サービスにあわせて**医療的ケア**を行う「医療型」の2つに分かれる。

3) インクルーシブ保育（インクルージョン）

　インクルーシブ保育は，最初から障がいの有無を前提とせず，国籍や年齢，発達段階などにかかわらずすべての子どもを対象とし，一人ひとりが異なることを踏まえ，そのニーズに応じた保育を行うというものである。統合保育は，「障がいのあ

る子ども」と「障がいのない子ども」を区別し，障がいのある子どもに対して支援を行うのに対して，インクルーシブ保育はすべての子どもにそれぞれ必要な援助を行いつつ，同じ場で保育を行うという点で異なる。子どもの自主性や個性を伸ばすだけでなく，お互いの子どもが「ちがい」を受け入れ，多様性や関わり方を学ぶことが可能となる。一方で，さまざまな子どもが一緒に過ごせるような環境づくりが必要であり，保育者には高い専門性が求められるといった課題もある。

3　まとめ―共生社会をめざして―

　本章では，特別支援教育，障がい児保育の理念と形態について述べてきたが，子どもの支援ニーズに沿った形態で保育や教育を受けることが重要であり，子どもにとってのメリットやデメリットを把握したうえで慎重に判断すべきである。また，障がいのある子どもへの支援において不可欠なのは，ともに活動する子どもや保育者に加えて，社会全体の障がいに対する理解である。

　文部科学省初等中等教育局長通知 [1] には，**共生社会**の実現という特別支援教育の展望が述べられている。

> 　我が国が目指すべき社会は、障害の有無にかかわらず、誰もが相互に人格と個性を尊重し支え合う共生社会である。その実現のため、障害者基本法や障害者基本計画に基づき、ノーマライゼーションの理念に基づく障害者の社会への参加・参画に向けた総合的な施策が政府全体で推進されており、その中で、学校教育は、障害者の自立と社会参加を見通した取組を含め、重要な役割を果たすことが求められている。

　また，保育所保育指針解説 [9] では，ほかの子どもや保護者が障がいに対する知識を身に付け，理解できるような配慮が必要であることが指摘されている。

> 　他の子どもや保護者に対しても、保育所としての方針や取組等について丁寧に説明するとともに、必要に応じて障害に対する正しい知識や認識ができるように配慮する。

　障がいの捉え方について，従来は個人の問題に帰属させる「医学モデル」が主流であったが，近年は社会の中に障壁があるとする「社会モデル」の考え方が広まり

つつある。障がいに対する**スティグマ**（偏見）は，人びとの心の中にある社会的障壁といえる。Someki らの大学生を対象とした調査で，日本は米国に比べて発達障がいの 1 つである ASD に関する知識が少なく，スティグマが強いという結果が示された[10]。一方，障がいに関する知識や接触体験が，障がいに対する態度や社会的距離と関連し，知識の獲得やポジティブな接触体験がスティグマを改善する可能性のあることが数々の研究から明らかとなっている[11, 12]。

　障がい理解教育とは，障がいに関する具体的な知識を与え，その知識をもとに自分が何をすればよいかを考えさせる教育を指す[13]。すなわち，障がい児・者に対するスティグマを取り除き，障がいや障がい者問題への科学的な認識を育てるとともに，人権尊重の精神を育てるといった意図のもと行われる。

　本章ではさまざまな特別支援教育，障がい児保育の形態について述べたが，単に障がいのある子どもと障がいのない子どもが活動をともにするだけでは，同情による理解に留まってしまう。また，不快な接触体験を重ねることで，障がいへのスティグマをかえって増幅させる危険もはらんでいる。いずれの形態で特別支援教育，障がい児保育を行うにしろ，保育士や教師が確かな知識やかかわり方を身に付けたうえで，障がいのある子どもへの支援に留まらず，ほかの子どもに対しても障がいについて正しい認識を深められるようなかかわりをもつことで，共生社会の実現に向かうことができるだろう。

■ **引用・参考文献** ■

1）文部科学省初等中等教育局長『特別支援教育の推進について（通知）』2007 年

2）不登校に関する調査研究協力者会議『今後の不登校への対応の在り方について（報告）』2005 年

3）谷口清「学齢期におけるいじめ・対人トラブルと発達障害―教育相談事例から」『自閉症スペクトラム研究』10(1), 2013 年, pp.19-27

4）文部科学省『小学校学習指導要領（平成 29 年告示）解説』2017 年

5）文部科学省初等中等教育局『特別支援教育の概要』2005 年

6）文部科学省初等中等教育局『通常の学級に在籍する発達障害の可能性のある特別な教育的支援を必要とする児童生徒に関する調査結果について』2012 年

7）中央教育審議会初等中等教育分科会特別支援教育特別委員会『特別支援教育を推進するための制度の在り方について（答申）』2005 年

8）厚生労働省『保育所保育指針』2017 年

9）厚生労働省編『保育所保育指針解説〈平成 30 年 3 月〉』フレーベル館，2018 年

10）Someki F. et al."Stigma associated with autism among college students in Japan and the United States: An online training study"Res Dev Disabil. 76, 2018, pp.88-98

11) 米倉裕希子 , 山中創生「知的障害者のスティグマ研究の国際的な動向と課題―文献レビュー」『社会福祉学』56(4), 2016 年 , pp.26-36

12) Gillespie L. K. , et al. "Changing college students'conceptions of autism: an online training to increase knowledge and decrease stigma"J Autism Dev Disord. 45(8), 2015, pp.2553-2566

13) 徳田克己 , 水野智美編『障害理解―心のバリアフリーの理論と実践』誠信書房 , 2005 年

■ **お薦めの参考図書** ■

①小林徹 , 栗林宣夫編『ライフステージを見通した障害児保育と特別支援教育』みらい , 2020 年

②玉村公二彦ほか編『新版・キーワードブック特別支援教育―インクルーシブ教育時代の基礎知識』クリエイツかもがわ , 2019 年

③本田秀夫編『発達障害の早期発見・早期療育・親支援』金子書房 , 2016 年

④加藤弘道 , 岡田智『子どもの発達が気になったら はじめに読む発達心理・発達相談の本』ナツメ社 , 2019 年

⑤東京都日野市公立小中学校全教師・教育委員会 , 小貫悟『通常学級での特別支援教育のスタンダード―自己チェックとユニバーサルデザイン環境の作り方』東京書籍 , 2010 年

演 習 問 題

Step1　通常学級，特別支援学校，特別支援学級，通級による指導等について，各々の違いやメリット，デメリットを挙げてみよう。

通常学級

特別支援学校

特別支援学級

通級指導教室

Step2　統合保育，分離保育，インクルーシブ保育について，各々の違いやメリット，デメリットを挙げてみよう。

統合保育

分離保育

インクルーシブ保育

Step3　障がいのある子どもと一緒に活動する，障がいのない子どもに対して，どのように障がいに関する知識や理解を伝えていけばよいか，考えてみよう。

第3章

特別支援教育・障がい児保育の現状と課題

1 障がいのある子どもの教育と保育の場

　障がいのある子どもの通所による教育と保育の場は，厚生労働省が所管している児童福祉施設と，文部科学省が所管している幼稚園と特別支援学校幼稚部に大別することができる。とくに，厚生労働省所管の施設は，児童福祉法に基づいて設置されている一般の保育所のほかに，**障害児通所支援事業**などがある。

　施設体系は障がい種別ごとに分かれていたが，2012（平成24）年度の児童福祉法の根拠規定が一元化されることによって，それぞれの障がいの特性に応じた対応が求められている（図3-1）。さらに学齢期における支援の充実をはかるために**放課後等デイサービス**，保育所などを訪問し集団生活への適応のための専門的な支援を行う**保育所等訪問支援**もある。表3-1に，障がいのある子どもの通所の保育・教育機関を示した。

　障害児入所支援事業は，障がいのある児童を入所させて，保護，日常生活の指導および自活に必要な知識や技能の付与を行う施設である。福祉サービスを行う**福祉型障害児入所施設**と，福祉サービスに併せて治療を行う**医療型障害児入所施設**があり，それぞれ治療や専門的療育を行っている。

2 特別支援教育・障がい児保育の現状

　インクルーシブ保育については，福祉分野では保育所，教育分野では幼稚園，さらに，保育所と幼稚園の両方の機能を併せ持つ認定こども園がその多くの部分を担っているのが現状である。次に，保育所の障がい児保育の実態と幼稚園の特別支援教育体制の整備状況について述べる。

（1）保育所

　日本保育協会（2017年）によると，保育所で受入れている障がい児数の全児童入所者数に対する割合は1.8％であり，障がい種別の内訳は，自閉症スペクトラム障がい（ASD）（自閉的傾向）が35.4％と最も多い。次いで知的障がいが19.8％，注意欠如／多動性障がい（AD/HD）が14.5％であった（表3-2）。障がいの状況

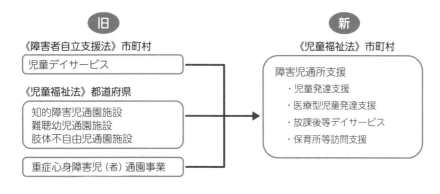

図 3-1　障がい児施設・事業
《　》内は実施根拠，その横の記載は実施主体を示している（文献 1 より引用）

表 3-1　障がいのある子どもの通所の教育・保育機関

福祉	保育所 （対象：就学前）	集団保育が可能で，保育の必要な子どもあるいは日々通所できる障がいのある乳幼児を対象とする。未来に生きる力をつくり出す基礎を養うことを目的とする。インクルーシブ保育を通して，基本的生活習慣や遊びなどの保育活動を行う。
	児童発達支援 （対象：就学前）	日常生活における基本的な動作の指導，知能技能の付与および集団生活への適応訓練を行う。
	医療型児童発達支援 （対象：就学前）	上肢・下肢または体幹機能に障がいのある子どもが対象で，児童の発達支援および治療を行う。
	放課後等デイサービス （対象：就学児）	就学中の障がい児に対して，授業の終了後または夏休みなどの長期休暇中において，生活能力の向上のために必要な訓練，社会との交流の促進などを継続的に行う。
	保育所等訪問支援 （対象：就学前）	障がい児が集団生活を営む施設を訪問支援員が訪問し，集団生活への適応のための専門的な支援や訪問先施設の職員に対する支援，その他の便宜の供与などを行う。
教育	幼稚園 （対象：就学前）	比較的軽度の障がい児（原則 3 歳〜就学前）を対象とする。基本的にはインクルーシブ保育によって，生きる力の基礎を培い全体的な発達を促すことを目的とする。健康，人間関係，環境，言葉，表現の 5 領域などの教育活動を行う。
	特別支援学校幼稚部 （対象：就学前）	それぞれの学校の障がい種（視覚障がい児，聴覚障がい児，知的障がい児，肢体不自由児，病弱児）に応じた障がい児（原則 3 歳〜就学前）を対象とする。障がいの軽減・克服のための知識や技術を授けることを目的とする。幼稚園の教育内容に準じた教育活動を行う。

（文献 2，3 より作成）

表 3-2　保育所における子どもの障がい種別の内訳

障がい名	%	障がい名	%
自閉症スペクトラム障がい	35.4	聴覚障がい	1.9
知的障がい	19.8	学習障がい	1.6
注意欠如／多動性障がい	14.5	視覚障がい	0.7
肢体不自由児	7.6	その他	18.5

（文献 4 より作成）

として，障がいを重複している子どもも多く，自閉症スペクトラム障がいのうち，知的障がいを伴うものが半数にのぼっていた。障がいの重複は，学習障害（LD）で 72.2％，注意欠如多動性障害（AD/HD）で 35.3％を占めるなど，保育においては重複障がいに対する理解と支援のスキルも必要になっている。

（2）幼稚園

　国公私立の幼稚園を対象として実施した「**特別支援教育体制整備状況調査**」（平成 19 年度から平成 27 年）の推移をみると，比較できるすべての調査項目で特別支援教育の実施率が前年度より上回る傾向にあり，全体として体制整備が進んでいる状況である。

　とくに，特別な支援を必要とする子どもの存在や状態を確かめる実態把握，関係機関や保護者との連絡調整など，子どもの支援を効果的に推進するためのキーパーソンである「**特別支援教育コーディネーター**」の指名，保護者の願いを聞き，関係機関との連携のもと，学校全体でより適切な指導・支援をするための検討を行う「校内委員会の設置」といった基礎的な支援体制は，ここ数年で着実に進んできている。

　さらに，一人ひとりの障がいの状態などに応じたきめ細かな指導を行うための，教育課程や指導計画についても同様である。個別の教育支援計画などを踏まえ，具体的に一人ひとりの教育的ニーズに対応した指導目標や指導内容・方法などを盛り込んだ「**個別の指導計画**」の作成，障がいのある子ども一人ひとりのニーズを正確に把握し，教育の視点から福祉，医療，労働などの関係機関との連携をはかり，幼児期から学校卒業後まで，一貫して長期的な視点に立って教育的支援を行う「**個別の教育支援計画**」の作成も進んでいる。今後は，障がいのある子ども一人ひとりに対する支援の質や内容を，一層充実させることが課題である（巻末資料参照）。

3 特別支援教育・障がい児保育に関する動向

　文部科学省は「今後の特別支援教育の在り方について（最終報告）」（文部科学省，2003年）で，通常の学級に**学習障がい（LD）**，**注意欠如／多動性障がい（AD/HD）**，**自閉症スペクトラム障がい（ASD）** の子どもたちが多数存在する可能性を示した。そうした子どもたちへの支援が緊急の課題であり，障がいのある子どもの自立や社会参加をより促進するための支援を充実させていくことが重要であるため，「障害の程度等に応じた特別の場で指導を行う『**特殊教育**』から，障がいのある子ども一人ひとりの教育的ニーズに応じて適切な教育を行う『**特別支援教育**』への転換を図る」ことが提案された。

　同省は2003（平成15）年度より，地域における乳幼児期から学校卒業後までの一貫した支援を具体化するためのシステムモデル構築を目的とした，「幼稚園における障害のある幼児の受け入れや指導に関する調査研究」を実施した。また，2005（平成17）年には中央教育審議会「子どもを取り巻く環境の変化を踏まえた今後の幼児教育の在り方（答申）」（文部科学省，2005）においても，「特別な教育的配慮を要する幼児に対応する力」を，保育者などに必要な力量としている。

　2006（平成18）年6月に成立した学校教育法の一部改正は，小学校，中学校，高等学校，幼稚園に対して，「教育上特別の支援を必要とする児童，生徒及び幼児に対し，障害による学習上又は生活上の困難を克服するための教育を行うものとする」として，通常学校・園における特別支援教育の推進を要請した。これを受けて，2007（平成19）年度から特別な教育的支援が必要な子どもへの特別支援教育が開始された。

　特別支援教育は，従来の特殊教育の対象であった障がいのある子どもとともに，通常の学級に在籍している学習障がい（LD），注意欠如／多動性障がい（AD/HD），自閉症スペクトラム障がい（ASD）などの障がいがある子どもを対象にしている。また，2007（平成19）年に改正された学校教育法において，幼稚園は，在籍する障がいのある子どもに対して学習や生活上の困難を克服するための教育を行うと規定されている。2009（平成21）年2月に報告された「特別支援教育の更なる充実に向けて（審議の中間とりまとめ）」では，障がいのある子どもおよび保護者に対する早期からの教育相談・支援，就学指導の充実を図ることが優先課題であると明言されている。幼児期における発達障がいのある子どもの教育・保育は，急務であるといえる。

4 合理的配慮

　2016（平成28）年4月1日より「障害者差別解消法」が施行された。障がいの有無によって分け隔てられることなく，相互に人格と個性を尊重し合いながら共生する社会の実現に向け，差別の解消を推進することを目的とし，**合理的配慮**が求められようになった。合理的配慮とは，それぞれの障がい特性や困りごとに合わせて行われる配慮のことである。

　以下に，教育・保育の場における一人ひとりの子どものニーズに応じた，合理的配慮の実践例を挙げる。

①指示の理解に困難がある子どもの場合，見通しが立つようにその日の予定をカードや表にしたり，また，1つずつ指示を出すようにしたりして，友達と一緒に行動できる大切さを知らせる。
②周りの刺激に敏感で集中して遊べない子どもの場合には，仕切りのある机の上にパズルを用意したりして，別室で遊べるようにするなど，遊べる場を工夫する。
③絵本などの読み聞かせに困難がある子どもの場合，大型絵本やタブレット，音声読み上げソフトを利用して，活動に集中できる環境を整える。

　例として3点を挙げたが，特別なニーズを必要とする子どもたちが，生活しやすく遊びやすい環境を，保護者と連携をとりながら合意形成していくことが最も大切である。

5 発達障がい児と教育・保育を取り巻く現状

　全国の公立幼稚園（936園）[5] に行った大規模調査の結果では，発達障がいの診断のある子どもは，合計5.2%であることが確認されている。

　就学前の時期は，就学後の学習や集団生活の基礎となる社会性やコミュニケーションなどを学ぶ大切な時期である。発達障がいのある子どもの場合は，これらを学ぶことが苦手であり，適切な支援がなく，環境を整えられなかった場合は，**二次障がい**を起こすこともある。発達障がい児の**早期支援**の重要性について従来から指摘されているが，保育所，幼稚園，認定こども園等における支援が少ないのが現状である。

表 3-3　障がい理解教育の効果

特別なニーズを持つ子への理解が深まった	64.4%
対象者に温かいサポートができるようになった	56.3%
クラスの雰囲気がプラスに変わった	47.5%
保育者自身が障がいへの理解が深まった	42.5%
特別なニーズを持つ子の気持ちの安定が図られた	33.8%
保護者の学級への理解が深まった	25.0%

（文献 6 より作成）

6　特別支援教育・障がい児保育の課題

（1）障がい理解の課題

　保育所や幼稚園，認定こども園に障がい児の入園が増える一方，保育・幼児教育施設の 65.2％で障がい理解教育・保育をしていない実態がある（南野（2019）[6]）。その理由としては，「方法が分からない」「人手が足りない」「時間がない」など消極的な意見が挙がっていることから，保育者の意識も高まっていないことがうかがえる。反対に，障がい理解教育・保育をすることで，子どもに変化があったことも明らかにされている（表 3-3）。

　幼児期は，「違い」に興味を持って理解する発達段階である。聞こえない，目が見えない，手足の一部が欠けている場合など，その違いを日常生活や遊びを通して隠さずに教えることで，障がい者が具体的にどんな生活をしているかをイメージさせることが重要である。さらに，工夫や手助けがあれば自分たち（健常者）と似た生活ができると感じるように促していきたい。障がい理解教育・保育は，幼児期から障がいへの理解を深めることで，いろんな人が世の中にいることを知り，子どもたちの価値観が多様化する素地となりえるものである。

（2）障がいのある子どもたちへの災害時における対応

　最近は地震，大雨，津波など人の命を脅かすような大きな災害が頻繁に起こっている。災害時には，周囲で関わる人たちが，障がいのある子ども一人ひとりの特徴や特性を理解して，適切な配慮の下に対応することが必要となってくる。

　災害時に備えた適切な準備を行い，職員が共通理解しておくことは言うまでもない。災害が起きた際には，保育所，幼稚園，認定こども園での配慮，つまり，不安を訴える子どもたちが安心感を持てるように寄り添い，働きかけ，人びととの触れ合いの促進や必要に応じたストレスチェック，および専門機関と連携した対応が求められる。

具体的には，国立特別支援教育総合研究所のサイト「災害時における障害のある子どもへの配慮」で確認してほしい[7]。

7　保育者の専門性

　保育者に求められる専門性とは，保育所や幼稚園，認定こども園などで，一人ひとりの子どもを育てるために求められる知識や技術，方法，その姿勢などを指す。その一方で，保育者の専門性が「広い心を持っている（優しさ）」，「子どもと一緒に楽しむ（愛情の深さ）」，「経験で培われた（勘やコツ）」などの感覚的な表現で語られることが多い。徳田[8]は，保育上の問題は「経験」「感性」「愛情」などで解決できるものではないと述べている。

　最近，学習障がい（LD），注意欠如／多動性障がい（AD/HD），自閉症スペクトラム障がい（ASD）といった発達障がいのある子どもや，明確な診断を受けていない「ちょっと気になる子」として顕在化している，発達に課題のある子どもたちへの教育・保育ニーズが高まっている。発達障がいのある子どもへの対処，一人ひとりの子どもの状態に対応した教育・保育，これら2つの課題に保育者は対応していかなければならない。

8　子どもの「最善の利益」の追求

　「最善の利益」とは，子どもに関わるすべての活動において，子ども自身にとって最善の方策や利益が優先されなければならないことを意味している。そのため，**インクルーシブ保育**では，ハード面の充実（施設設備，教材，教具）とソフト面の充実（巡回相談，保育者の加配，研修体制）など，保育者の専門性や倫理観が必要とされる。さらに障がいのある子どもにかかわる保育者には，障がいのある子ども一人ひとりの「最善の利益」とは何かを考え，子どものニーズを代弁したり，意志表明を援助したりして，その子どもが必要としている教育・保育の環境を整え，子どもの今もっている生きる力を活かしていけるような，人権を最大限に尊重した特別支援教育・保育が求められる。

　このように，一人ひとりの教育的ニーズに応じた適切な指導および必要な支援を計画的に行うことなど，特別支援教育・保育の理解と支援のさらなる充実を図っていくことが求められており，いまだ多くの課題があるといえる。

■引用・参考文献■

1）厚生労働省『障害児支援の強化について』（2020 年 5 月 1 日閲覧）

　　https://www.mhlw.go.jp/seisakunitsuite/bunya/hukushi_kaigo/shougaishahukushi/

　　kaiseihou/dl/sankou_111117_01-06.pdf

2）馬場茂樹監，和田光編『保育の今を問う 児童家庭福祉』ミネルヴァ書房 , 2013 年 , pp.
　　90-95

3）伊藤健次編『新・障害のある子どもの保育 第 3 版』みらい , 2016 年 , p.23

4）日本保育協会『子ども・子育て支援推進調査研究事業』2017 年（2020 年 5 月 1 日閲覧）

　　https://www.mhlw.go.jp/stf/seisakunitsuite/bunya/0000163860_00001.html

5）岐阜大学教育学部特別支援教育センター「幼稚園等における発達障害支援教育研究」『平成 18
　　年度研究成果報告書』2007 年 , pp.10-12

6）南野奈津子『東京すくすく―いろいろな人がいる幼児期から』東京新聞 , 2019 年 , 2 月

7）国立特別支援教育総合研究所『災害時における障害のある子どもへの配慮』（2020 年 5 月 1 日
　　閲覧）

　　http://www.nise.go.jp/cms/7,6507,70,272.html

8）徳田克己ほか『気になる子どもの保育ガイドブック―はじめて発達障害のある子どもを担当す
　　る保育者のために』福村出版 , 2010 年 , p.13

9）小川圭子「障がい児保育の現状と課題」, 小川圭子 , 矢野正編『保育実践にいかす障がい児の
　　理解と支援 改訂版』嵯峨野書院 , 2017 年 , pp.18-27

■お薦めの参考図書■

①姫野桂『発達障害グレーゾーン』扶桑社 , 2018 年

②平岩幹男『幼稚園・保育園での発達障害の考え方と対応』少年写真新聞社 , 2009 年

③鴨下賢一編『発達が気になる子の脳と体をそだてる感覚あそび あそぶことには意味がある！作
　業療法士がすすめる 68 のあそびの工夫』合同出版 , 2017 年

④佐藤暁『見て分かる困り感に寄り添う支援の実際』学習研究社 , 2006 年

⑤東田直樹『自閉症の僕が跳びはねる理由』KADOKAWA（角川文庫）, 2016 年

演 習 問 題

Step1　障がいのない子どもたちに，障がい理解を実践していくための手立てについて，箇条書きで書き出してみよう。

Step2　書き出した事柄について，グループで話し合い，その違いについて検討してみよう。

Step3　検討した内容を基にして，保育者としてもっとも大切なことを各自で文章にして発表しよう。

第 4 章

わが国の特別支援教育・障がい児保育の歴史

1 特別支援教育・障がい児保育の先駆け

わが国において障がい児保育に関する施策が本格的に展開されたのは戦後のことであり，戦前までは欧米の先進諸国に比べると大きく立ち遅れていた。ただし，障がい児はいつの時代も存在していたはずであり，江戸時代の**寺子屋**では，盲児，聾唖児，肢体不自由児，知的障がい児などの障がい児が多く在籍していたという記録も残っている。しかし，多くの障がい者が差別や隔離の対象となってきたように，障がい児もまた遺棄・放置の対象となってきたことも事実である。現在のように，障がい児保育が本格的に展開するまでは，人目を避けて家庭の中でひっそりと生きていたか，限られた篤志家による孤児院などで保護されていた。

戦前に行われていた障がい児保育に関する活動として，まず創始されたのは盲聾教育であった。1916 年（大正 5 年）に京都市立盲唖院の聾唖部に設置された幼稚科での教育がある。これに続いて 1918 年（大正 7 年）に東京で訓盲院が設立され，1928 年（昭和 4 年）には東京聾唖学校に設置された予科（幼稚園）での保育がある。

知的障がい児を施設に収容し，生活に必要な基礎的習慣，知識・技能を指導する施設として，1896（明治 29）年に**石井亮一**によって設立された**滝野川学園**がある。石井亮一は，1891（明治 24）年に濃尾大地震により孤児となった少女たちを引き取り，孤女学院を設立した。その弧女のなかに知的障がい児がいたことがきっかけになり，米国に渡り知的障がい児教育を学ぶ。その後，1896（明治 29）年，孤女学院を滝乃川学園と改称した。これが日本初の知的障害児施設の始まりである。続いて，1909（明治 42）年には，京都府に脇田良吉によって白川学園が，1916（大正 5）年には大阪に岩崎佐一によって桃花塾などが設立され，大正，昭和にかけて 10 余校が設立された。

知的障がい児を保育した先駆的事業としては，1934（昭和 9）年に**母子愛育会**が設立され，1938（昭和 13）年に愛育研究所が設立さた。そこでは，子どもと家庭の保健・福祉に関する総合的な研究が行われ，1997（平成 9）年に日本子ども家庭総合研究所と名称変更され現在に至っている。この愛育研究所は当時の皇太子殿下（現在の上皇陛下）の誕生を祝して，1938（昭和 13）年に設立された児童研究のための施設である。そのなかに保健部と教養部があり，教養部に知的障がい幼児に関する研究部門が設置された。これが特別保育室の始まりであり，これらの事業

の中心的役割を果たしたのが三木安正であった[1]。この特別保育室では，7～8歳児13人の障がい児が入所し指導を受けていた。また，そこでの指導の内容は，集団・遊び・作業・生活という4つの柱立のもとに実践されていた。

　肢体不自由児の最初の療護施設は，1921（大正10）年に柏倉松蔵によって東京に開設された柏学園である。柏倉[2]は，学校に在籍する子どもたちのなかに体操のできない子どもたちがいることに気づき，その子どもたちのための特別な医療的・教育的指導方法の必要性を感じたことがその始まりだったとされる。

2　障がい児保育の萌芽

　戦後になると，東京では，戦争により閉鎖されていた愛育研究所の特別保育室が，1949（昭和24）年に教養部長だった牛島義友の努力により再開され，津守眞を中心に，集団活動と基本的生活習慣の形成に重点を置く指導が展開された。津守は子どもの現実の中に発達の仕組みを強く求め続け，稲毛教子と「津守式乳幼児精神発達診断法」を開発した。その後，愛育養護学校校長となり，障がい児の心の理解と保育に身を捧げ，保育学をリードし続けた。また，1955（昭和30）年には，京都の白川学園に併設された鷹ヶ峰保育園に，定員30名の特殊保育部が設置された。

　1955（昭和30）年頃からの高度経済成長下にあって，働く女性の増加や核家族化の進展といった時代的要求を背景に，わが国の保育施設の設置が急速に進められていった。1955（昭和30）年に母子愛育会が私立愛育養護学校を設立し，小学部と幼稚部をもつ養護学校を設立した。しかし，この時代においてはまだ養護学校幼稚部が愛育養護学校にあるだけで，保育所（園）や幼稚園が門戸を閉ざしていたことから，障がい幼児を抱える家庭にあっては，療育の場としての施設入所が唯一の選択肢であった。

　入所施設の代表例として，戦後間もない時期から重症心身障がい児に対する療育を先駆的に行っていた糸賀一雄がいる。糸賀は，日本の障がい者福祉を切り開いた第一人者であり，滋賀県の近江学園のほか，信楽寮，びわこ学園などの障がい者施設を設立し，重度障がい児と向き合いつつ，「この子らを世の光に」および「発達保障」ということばで，その考え方を示していった。

　近江学園は，1946（昭和21）年，戦災孤児や生活困窮者の養護と知的障がい児が生活する施設として創設された。そこには，「共に生きる」を原則とした，障がい児もそうでない子どももともに生活する，統合保育の原型ともいえる生活があった[3]。そしてこの学園では，すべての子どもは発達可能性を持つ存在であるとする観点から，あらゆる発達の段階を豊かに充実させていくことを目的とする実践

がなされていた。その実践は，その後，日本の障がい児保育における代表的な考え方の一つとなった，「発達保障」という思想を形成するに至っている。

1957（昭和32）年に児童福祉法が改正されて以降，入所だけではなく，自宅から通うことができる通園施設が全国に設置できるようになった。しかし，その対象は，就学期を迎えても重度の障がいによる通学の困難さなどによって，養護学校に就学することを猶予・免除された子ども達であった。そこでは，就学猶予・免除となった障がい児に対する生活指導と専門的な指導訓練を行うことが目的とされた。つまり，障がい幼児を対象にした保育の場が公的に保障されたわけではなく，障がい幼児の圧倒的多数は，集団保育をまったく受けることなく，在宅生活を余儀なくされていたのである。

1963（昭和38）年には，既存の不自由児施設をそのまま利用して通園施設が併設された。その後，障がい児に対する早期指導が叫ばれるようになった 1969（昭和44）年に，診療所を併設する形で肢体不自由児通園施設を独立させることとなった[2]。

3 特別支援教育・障がい児保育の発展

1963（昭和38）年に，中央児童福祉審議会保育制度特別部会は，その中間報告において，「保育に欠ける状況」の定義を見直し，「心身に障害のある子どもも含めるように」と提言した。翌年1964（昭和39）年の第二次中間報告では，心身に障がいのある幼児を在宅による保育のみに委ねることは問題であり，専門家による支援体制の整備や専門機関・整備が必要であることを確認した。また，「保育に欠けるという理由で入所する子どものなかに，軽度の心身障害児がいることは避けられない。これらの子どものためには治療的な指導を行うことのできる特別保育所を設置するよう検討する必要がある」ことなども確認された。

1969（昭和44）年には，以降5年計画で全ての聾学校に幼稚部を設置すること，盲学校および養護学校には，都道府県の半数に幼稚部を設置することが決まった。また，同年3月の特殊教育総合研究調査協力者会議による「特殊教育の基本的な施策のあり方について」では，幼稚部では保護者が幼児とともに早期から指導を受けられるようにすること，盲学校，聾学校，養護学校と地域の幼稚園が協力して心身障がい児を入園させるとともに，教員による巡回指導が行えるようにすることなどが報告された。

1972（昭和47）年には，厚生省（当時）が「心身障害児通園事業実施要綱」の通知を行った。これにより，知的障害児通園施設や肢体不自由児通園施設を利用

することが困難な地域の障がい児のために，市町村が利用定員 20 名，専任職員 3 名以上，および嘱託医師 1 名規模の小規模通園施設を設置し，在宅の障がい児の指導にあたった。

　1975（昭和 50）年には，厚生省の通達により各地に難聴幼児通園施設が設置されるようになり，岡山かなりや学園，秋田グリーンローズ・オリーブ園などが設置されていった。また，知的障がい児については，1952（昭和 27）年に全国精神薄弱者育成会が結成され，知的障がい児の問題や未就学の解決策として通園施設を設置するよう厚生省に働きかけ，1956（昭和 31）年に**精神薄弱児通園施設**が設置され，未就学の幼児が通うようになった[1]。こうして障がい幼児のための通園施設が各地に設置されるようになったが，そこでの保育形態は，分離保育が中心であった。精神薄弱児通園施設は，1998（平成 10）年に「精神薄弱」の呼称が「知的障害」に改正されたのにともない，知的障害児通園施設となった。また，2012（平成 24）年に児童福祉法が改正され，「**児童発達支援センター**」として再編された。

4　特別支援教育・障がい児保育の制度化

　日本において幼児の健康診査は 1961（昭和 36）年より実施されてきたが，次第に発達の診断と障がいの発見という役割を担うようになっていった。その先駆的な役割を果たしたのが，滋賀県大津市であった[1]。1947（昭和 22）年に保健所で乳幼児一斉検診を実施し，1958（昭和 33）年には 1 歳児検診を開始した。そして，こうした障がいの可能性のある乳児を経過観察するという乳幼児健康管理システム確立の取り組みは，障がい児の発見だけでなく，その後の障がい児保育の体制づくりにつながっていく。1973（昭和 48）年に父母の願いに真っ先に応えるべく早期発見・早期療育をスローガンとして掲げ，「市立の保育所に 10 名，民間保育所に 21 名，市立幼稚園に 42 名，民間幼稚園に 2 名，計 75 名の障害児全員を受け入れる」という，大津方式を独自に展開していった。大津市がスタートさせた障がい児保育制度は，障がいの有無にかかわらず，どの子どもにも発達する権利があり，それを社会が実現していかなければならないという**発達保障**の理念に基づく「希望するすべての障がい児の保育園への入園」をめざしたものであった。

　同じく 1973（昭和 48）年に東京都児童福祉審議会の答申「当面する保育問題について」が出され，障がい児を一般児童から分離しておくことの問題点と限界を指摘し，障がい幼児を一般幼児とともに保育することを提言した。同 11 月の中央児童福祉審議会の中間答申「当面推進すべき児童福祉対策について」では，「障害の種類と程度によっては障害児を一般の児童から隔絶することなく社会の一員と

して，むしろ一般の児童とともに保育することによって障害児自身の発達が促進される面が多く，また一般の児童も障害児と接触するなかで，障害児に対する理解を深めることによって人間として成長する可能性を増し」とあり，行政による**統合保育**の必要性を提起した。

この 1973（昭和 48）年は「**保育元年**」と呼ばれ，障がい児保育の制度化という面における画期的な年であった。1970 年代後半，障がい児保育が全国的に広がり始め，1973（昭和 48）年に全国に先駆けて大津市の障がい児保育が誕生した。また，1974（昭和 49）年には，国が保育所での障がい児の受け入れを正式に認め，私立幼稚園での障がい児保育に対して助成金が交付された年でもあった。

こうした流れを受けて，1974（昭和 49）年に厚生省（当時）は「障害児保育事業実施要綱」を定め，全国的に保育所（園）における障がい児保育を制度化した。この要綱では，「指定保育所方式」と呼ばれる各都道府県でほぼ 1 カ所の保育所が指定され，定員おおむね 90 名以上の保育所で，おおむね 4 歳以上の軽度の障がい児を定員の 1 割程度受け入れた場合，保母 2 名の配置と 3 分の 1 以内の経費補助を行うとした。これによって障がい児を入所の対象として措置しやすくなり，障がい児が保育所に入所しやすくなった。同じく 1974（昭和 49）年，文部省は「心身障害児幼稚園助成事業補助金交付要綱」および「私立幼稚園特殊教育費国庫補助金制度」を設け，幼稚園における障がい児の受け入れに対して補助金を出すこととした[3]。

しかし，これでは不十分であるという異議が多くの保育所から出されたために，1978（昭和 53）年には厚生省児童家庭局長通知「保育所における障害児の受入れについて」により，指定保育所方式を廃止し，一般保育所方式による人数加算の公費補助へと改善がなされた。これは，障がい児と健常児の集団保育が可能な範囲で，集団保育と日々の通所が可能な，障がいの程度が中度までの障がい児を一般保育所で受入れた場合についても公費補助を交付する制度である。これによって**統合保育**が制度化され，障がい児保育の機会が広がっていった点が特徴である。

5 特別支援教育・障がい児保育の多様化

1960 年代前半までは，障がい児は教育の面で無権利状態に置かれていた。障がい児の親たちの強い要求を受けて，精神薄弱養護学校が次第に設置されるようになり，1965（昭和 40）年までには全国で 60 校が設置されたが，そのうち幼稚部を設けたのはごく一部でしかなかった[1]。

障がい児保育が全国的に広がり始めたのは，1970 年代になってからである。

1972（昭和47）年に文部省は特殊教育諸学校幼稚部学級設置10年計画を策定し，これにより**養護学校が確実に設置**されていった。

1973（昭和48）年に全国に先駆けて大津市において障がい児保育が誕生した。また，1974（昭和49）年には国が保育所での障がい児の受け入れを正式に認め，私立幼稚園での障がい児保育に対して助成金が交付されたのも，この年であった。

1979（昭和54）年には**養護学校が義務化**され，これまで就学猶予・就学免除の対象とされてきた障がい児の保護者に対しても，就学義務が課せられることになり，制度的にはすべての障がい児の教育権が保障された。これは，盲学校・聾学校に比べて立ち遅れていた養護学校に対する国の施策が少しずつ進展し，精神薄弱，肢体不自由，病弱の3種別の養護学校が設置されるようになったといえる。

この1970年代後半頃から，障がい児への施策も多様化してくる。1977（昭和52）年には，子どもの行動発達・認知発達の遅れや，視力・聴力の障がいなどを早期に発見し，早期に対応していくことの必要性が説かれ，母子保健対策の追加的・部分的拡充として，先天性代謝異常の早期発見・早期治療につながる**スクリーニング検査**の全国実施が始まり，1歳半健康診査も制度化された。

1979（昭和54）年には，早期発見・早期療育体制を総合的に整備するための地域における治療期間として，心身障害児総合通園センターの設置がなされた。この心身障害児総合通園センターは，相談・指導・診断・検査・判定などの機能と，肢体不自由児通園施設・知的障害児通園施設・難聴幼児通園施設を総合したものである。また，ボバース法やボイタ法といった**リハビリテーション**の手法の全国的な普及が始まり，障がい児医療の発展と結びついた療育実践が展開されるようになったのもこの頃である。

このように，障がい児保育には多様な教育・保育の場が存在するようになったが，障がい乳幼児とその保護者が受けることができるサービス内容は，地域によって差があった。

6 まとめ

障がい児は，一人ひとりに異なる障がいと発達および生活があり，それぞれの子どもの「**特別なニーズ（SEN）**」は異なる。障がい児の発達保障のためには，子どもの障がいと発達と生活に焦点をあてながら，障がいに起因する特別なニーズを把握することが必要である。すべての子どもの「特別なニーズ」にこたえられる単一の施設は不可能であり，さまざまな専門性を充実させた多様な実践現場と専門機関とのネットワークを創り，充実させていくことが求められている。

■引用・参考文献■

1) 柴崎正行「統合保育の歴史」『保育の科学』39(10), 1997 年 , pp.673-678

2) 柴行正行「わが国における障害幼児の教育と療育に関する歴史的変遷について」『東京家政大学研究紀要』42(1), 2002 年 , pp.101-105

3) 澤田英三「制度化以前の保育所における障碍児保育についての事例報告」『安田女子大学紀要』37, 2009 年 , pp.169-178

4) 伊藤健次編『新・障害のある子どもの保育 第 3 版』みらい , 2016 年

5) 林邦雄ほか監 , 青木豊編『障害児保育（保育者養成シリーズ）』一藝社 , 2012 年

6) 糸賀一雄『愛と共感の教育』柏樹社 , 1972 年

7) 糸賀一雄『この子らを世の光に―近江学園二十年の願い』柏樹社 , 1965 年

8) 野上芳彦『糸賀一雄（シリーズ福祉に生きる）』大空社 , 1998 年

9) 山田火砂子『筆子 その愛―世界で一番美しい涙の物語』ジャパン・アート出版 , 2006 年

10) 文部省『学制百年史』帝国地方行政学会 , 1972 年

11) 小川英彦「戦前の障害児保育と三木安正」『愛知教育大学幼児教育研究』13, 2007 年 , pp.1-6

12) 末次有加「戦後日本における障害児保育の展開―1950 年代から 1970 年代を中心に」『大阪大学教育学年報』16, 2011 年 , pp.173-180

13) 佐藤陽子「障害児保育―特別な援助を必要とする子どもの保育―の歴史」『尚絅学院大学紀要』51, 2005 年 , pp.9-21

14) 水野恭子「障害児保育の歩みとこれからの障害児保育実践に向けて」『愛知教育大学幼児教育研究』16, 2012 年 , pp.77-82

15) 丸山美和子「障害幼児の『特別なニーズ』に対するケアと統合保育―統合保育の成果と障害児保育の今後の課題」『佛教大学社会学部論集』33, 2000 年 , pp.109-124

■お薦めの参考図書■

①横田賢一『岡山孤児院物語―石井十次の足跡』山陽新聞社 , 2012 年

②小沢浩『愛することからはじめよう―小林提樹と島田療育園の歩み』大月書店 , 2011 年

③糸賀一雄『福祉の思想』NHK 出版（NHK ブックス）, 1968 年

④京極高宣『障害福祉の父 糸賀一雄の思想と生涯』ミネルヴァ書房 , 2015 年

⑤津守真『保育者の地平　私的体験から普遍に向けて』ミネルヴァ書房 , 1997 年

演 習 問 題

Step1 戦後日本の障がい児保育・教育の一つの代表的な理念である「発達保障」
について具体的にどのようなものか書き出してみよう。

Step2 ノーマライゼーションの実現のためにどうしたらよいか，テキストに取り
挙げられている取り組みを参考に，あなた自身の考えをまとめてみよう。

Step3 幼児教育・保育において，一人ひとりに対する特別支援が重要となってい
る。これから障がいのある子どもとどのように向き合っていけばいいのだ
ろうか。歴史を振り返り，その先駆者からヒントを得てまとめてみよう。

第5章 肢体不自由児の理解と援助

1 肢体不自由とは

　肢体不自由とは，思うように身体を動かせない症状と表現することができる。肢体が不自由なために歩行に困難が生じたり手が思うように使えなかったり，思うように口が動かせず，話すことが難しかったり食べることが難しかったりといった状況が生じる場合もある。

　思うように身体が動かせず，行きたいところに行けなかったり，人と接したり話したりといったことができなかったり少なくなってしまうと，自分や他者の立場や心情，ものごとの理解や関係性，それこそ子どもの成長にとって必要な心情・意欲・態度というものが阻害され，社会性を育むことが難しくなってしまうことにもなる。

　肢体不自由が生じる原因にもよるが，視覚や聴覚の機能に障がいが生じる場合もあり，そのことが，子どもの成長や発達にとって，状況をより深刻化させてしまう場合もある。

2 肢体不自由の原因

　肢体不自由の原因で，最も多いとされるのは脳性疾患である。次いで**筋原性疾患**[注1]，**脊柱脊髄疾患**[注2]とされる。肢体不自由といっても不自由の程度や種類，身体のさまざまな部位にわたることから，原因となる疾患も多くあるととらえておく必要がある。

　肢体不自由が生じる疾患において，最も多いとされる**脳性麻痺**については，以下のように定義されている。

> 　受胎から新生児期（生後4週以内）までの間に生じた脳の非進行性病変に基づく，永続的なしかし変化しうる運動および姿勢の異常である。進行性疾患や一過性の運動障害，または将来正常化するであろうと思われる運動発達遅滞は除外する（厚生省研究班，1968年）。

　脳性麻痺は，受胎から新生児までの脳の形成異常であり，新生児仮死，低出生体重，新生児重症黄疸が脳性麻痺の3大原因とされている。また，頭蓋内出血や新生児の

脳炎・髄膜炎，妊娠中毒や糖尿病などの母体の疾病なども，発生原因とされている。

　おもな症状は運動機能障がいであり，症状が消失することはないものとされる。脳性まひの病型としては，代表的なものに痙直型とアテトーゼ型がある。痙直型は，身体を支える筋の緊張が強くなる症状を示し，身体につっぱりが生じる。アトテーゼ型は，意図的に身体を動かそうとしても動かすことができないという，不随意運動が生じるものである。

3 乳幼児期における子どもの成長と肢体不自由

　乳幼児期は，子どもの成長にとって十分な愛情と信頼関係が形成されねばならないとされる。身体が思うように動かせないことで，視線を交わすことやほほえみかえすことができなかったり，抱っこをされたときに身体をゆだねるなどの動作がうまく行えなかったりといった状況が生じてしまいがちになる。人とのかかわりのなかで，身体機能やコミュニケーション力が育まれるように，どのような支援がよいのかを考え，支援を行う必要がある。

　障がいの有無にかかわらず，人は一人ひとり違いがある。当然，「困り感」も違ってくることから，具体的に何をどのくらい支援すべきなのかを状況に応じて考えていく必要がある。支援を徐々に少なくしていく場合もあれば，支援を生涯続ける場合もある。どのような支援がよいのかを考える目安を，図5-1に示す。

　支援を受けることがあたりまえになってしまうと，自分から意図的に活動する機会を失いがちになる。子どもを遊びの場に参加させるときにも，その子どもの上肢機能や移動能力というものを鑑みながら，適切な身体機能やコミュニケーション能力が育まれるよう支援を行う必要がある。

4 肢体不自由のある子どもの理解

（1）既往・成育歴からの把握

　子どもの健康や障がいの状況をとらえるためには，保護者から子どもの既往・成育歴などを聞いて把握しておく必要がある。肢体に不自由のある子どもでは，随伴障がい[注3]の有無や程度を把握しておくことも大切である。てんかん発作の有無や回数，服薬の有無や薬の名前と効用なども知っておく必要がある。

（2）観察からの把握

　子どもの実態については，生活や遊びの場での子どもの心情・意欲・態度や，

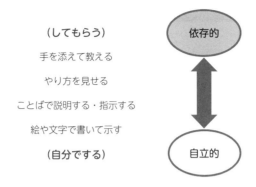

（してもらう）

手を添えて教える

やり方を見せる

ことばで説明する・指示する

絵や文字で書いて示す

（自分でする）

依存的

自立的

図5-1　支援の種類と段階

身体の動きや姿勢といったものを，観察を通して把握しておくことが必要になる。そのためには，子どもの発達について，とくに身体の成長に関することや物事の理解に関する基礎的な知識を習得しておくことが望ましいと考える。

　観察の視点としては，①日常生活の場：着替えや排泄，食事場面での身体の動きや手指の操作性，寝返りや起き上がり，座る，立つ，移動する，②物事の理解：友達や大人との関係や指示理解，遊具への興味や関心，といったものを把握しておくことになる。

（3）医療機関からの把握

　かかりつけの医療機関がある場合，診断の内容や受けてきた治療内容などの医学的な所見を把握しておくことが必要である。処方されている薬に，どのような効用があるのかといったことや，発作などが生じた場合も含めて緊急時の対応について把握する。緊急時の保護者の連絡先に加え，かかりつけの医療機関の連絡先を知っておくことも重要である。

5　有効な支援を進める環境づくり

（1）環境整備および支援の実際

　清潔で美しく，ストレスなく過ごすことのできる環境の整備は，情緒の安定や健康の保持・向上につながると考えられる。以下，肢体不自由児の支援のために求められる環境整備の要点をまとめた。

教室環境の整備

①緊急時の避難や車イスでの移動を想定し，出入り口は広く確保し，障害物は置かないようにする。また，車イスでの移動を想定し，整理整頓と空間の確保に努める。

②誤飲の危険性も含め，危険が予知されるようなものは手の届く範囲に置かないように留意する。

③車イスのパイプ部などが過熱しないよう，暖房器具の設置方法に配慮する。

④カーテンなどによるまぶしさへの配慮や，着替え時のプライバシー保護対策を行う。

⑤毎日の清掃，必要に応じて消毒を行うなど計画的に衛生面を配慮する。

⑥緊急時の対応が必要な子どもにあっては，保健室や主治医，医療関係との連絡網を作成しておく。また，医療機関との連携がスムーズに行えるよう，緊急時対応のシュミレーションを必要に応じて行っておく。

⑦車イスから降りて，横になれる場所を確保しておく。

健康管理

①体調を崩す要因を知り，予防と異常の早期発見に努める。

②体重や食事量，健康状態を考慮して水分不足にならないようにする。

③保護者との連絡を毎日欠かさず行い，日々の状態を把握して指導にあたる。

④健康観察を日々継続する。普段の子どもの様子を把握しておくことで，「いつもと違う様子」に気付く。

⑤体温調節ができにくい子どもは，周りの気温に影響され，高体温や低体温になることも多い。室温への配慮のほか，衣服での体温調整に努める。

姿勢と動作への配慮（図5-2）

①姿勢と動作の支援では，間接や骨，筋肉に急激な負担がかからないようにする。

②体位変換などの支援を行う場合は，ゆっくり反応を見ながら行う。

③身体を起こせるなら座位姿勢をとる。座位姿勢を保持するための身体バランスの育成，前後左右の音の聞き分けや周囲を見まわして情報収集する力を養う。

④片麻痺の場合，片方ばかりを使うのではなく，両方を一緒につかう場面を設定する。片方の負担や麻痺部がうまく使えないことでストレスがかからないようにする。

⑤書字などを行う場合，書いている手の反対側の手を机の上において，身体を直に保つようにする。

（2）福祉機器の活用

　福祉機器を使って快適に生活ができるなら，積極的にそれらの機器を使っていくことも大切である。簡単なスイッチで進む・止まる・曲がるといった操作ができる電動車イスを活用すれば，安全に自由に移動ができることになる。文字入力で音声出力ができる機器を活用すれば，コミュニケーション力の向上を図ることができる。機器を活用することで，社会性が広がることにもつながる。

6 心情・意欲・態度を育てる

　肢体に不自由があるからといって室内だけで過ごすのではなく，積極的に外に出て，身体全体を使って遊んだり，事物を見たり，見た事物を手で触れたり事物の名称を聞いたりすることが大切である。

（1）車イスで出かける（図5-3）

　車イスを活用し，支援を受けながらも，どんどん外出して直接的な関わりを通して体験を積むことが大切である。積極的に公共交通機関や公共施設を利用し，それに慣れるとともに，社会ではいろいろなものが役割を持って存在していることを知るなかで，人や物の存在と関係性を学ぶことができる。多くのものにかかわるなかで，心情・意欲・態度が高まっていくと考える。

（2）身体全体を使って遊ぶ

　普段は車イスを使用していても，身体の動く部分を最大限使って運動保障をしていくことは大切である。芝生の上を四つ這いで動いてみたり立ってみたりすることや，芝生の斜面の傾斜を利用して転がってみることで，上肢と下肢の鍛錬や，スムーズに転がるための身のこなしなどが身に付いてくる。芝生のある場所が近くにないなら，マットや布団の上でも活動できる。ふかふかした所を四つ這いで動いたり立ってみたりすることで，左右交互に身体を使う力や身体バランスといった

ものが育まれる。

　芝生の斜面は，子どもたちが遊びながら身体機能を育むことのできる絶好の遊び場である。芝生の斜面を段ボールのソリで先生や友達とすべる楽しさから，自分からハイハイや四つ這いで交互に手足を繰り出して斜面をのぼり，すべるといった活動が楽しんで繰り返される。

（3）感覚を使って学ぶ（図5-4）

　子どもにとっては，ものに触れたり見たりするのも学びとなる。たとえば，音そのものやメロディを聴くことも，臭いを嗅いでみるというのも子どもにとっての学びである。食べようとするものの臭いを嗅いだり，食べて味覚を味わうことも，子どもにとっては学びとなる。このように子どもは遊びや学びで得たものから，心情・意欲・態度を育んでいく。

　以上のことから，肢体に不自由のある子どもたちにとっては，意図的に見せたり触らせたり嗅がせたりすることが，「これはなんだろう」という気付きになり，そこから子どもの心情・意欲・態度が引き出されていくのである。

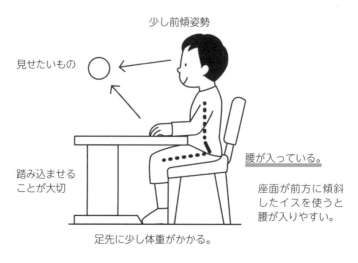

見たり聞いたりを意欲的に促す姿勢を作る。

「なんだこれは」と手で触ろうとする活動が促される。

少し前傾姿勢

見せたいもの

腰が入っている。

座面が前方に傾斜したイスを使うと腰が入りやすい。

踏み込ませることが大切

足先に少し体重がかかる。

図5-2　姿勢づくり

腰を入れて車イスを操作すると
力を入れやすい。

腰が入ると，身体を左右に旋回
しやすくなる。

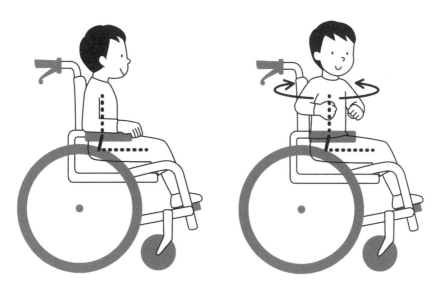

図5-3　車イスの操作

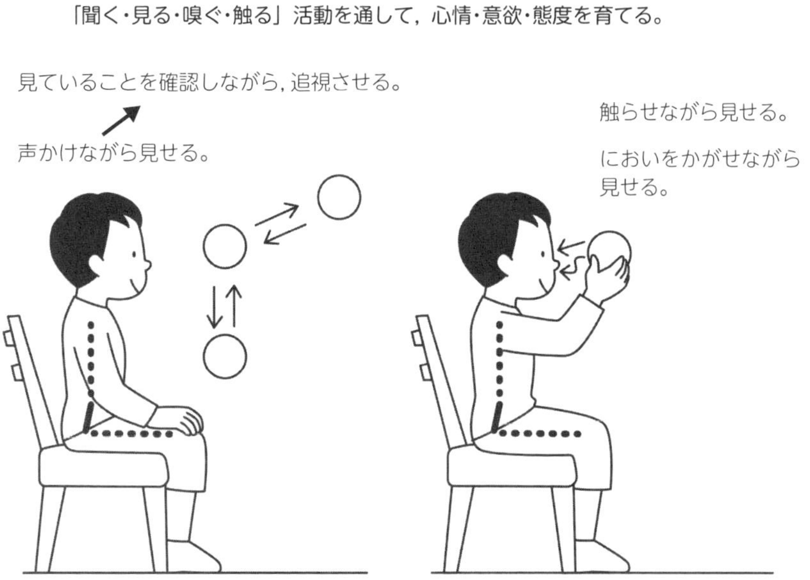

「聞く・見る・嗅ぐ・触る」活動を通して，心情・意欲・態度を育てる。

見ていることを確認しながら，追視させる。

声かけながら見せる。

触らせながら見せる。

においをかがせながら
見せる。

図5-4　感覚を使って学ぶ（感覚統合）

■注釈■

注 1）筋肉が萎縮したり，力が弱くなったりする疾患。

注 2）背骨の中を通る神経から，しびれや麻痺，痛みが生じる神経疾患。

注 3）肢体に不自由のある子どもについては，随伴障がいとして知的障がい，言語障がい，聴覚
障がい，視覚障がいが生じる場合がある。

■引用・参考文献■

1）五十嵐信敬編『目の不自由な子の感覚教育百科』コレール社，1994 年

2）柘植雅義ほか編『はじめての特別支援教育─教職を目指す大学生のために 改訂版』有斐閣ア
ルマ，2014 年

3）安藤隆男，藤田継道編『よくわかる肢体不自由教育』ミネルヴァ書房，2015 年

4）宮本信也ほか監，土橋圭子ほか編『改訂版 特別支援教育の基礎─確かな支援のできる教師・
保育士になるために』東京書籍，2017 年

5）京都市立総合養護学校養護教諭部会編『健康・安全に関する手引き』京都市立総合養護学校校
長会，2001 年

■お薦めの参考図書■

①J.S. ブルーナー，A. ガートン編『子どもの成長と発達─その理論と教育』寺田晃監訳，新曜社，
1981 年

②茂木俊彦『障害児の発達と保育』青木書店，1982 年

③園原太郎編『認知の発達』培風館，1980 年

④浜田寿美男訳編『ワロン／身体・自我・社会─子どものうけとる世界と子どもの働きかける世界』
ミネルヴァ書房，1983 年

演 習 問 題

Step1 肢体に不自由のある子どもの実態把握について，留意するポイントを挙げてみましょう。

Step2 車イス　の使用を前提とした教室環境の整備について，留意点を挙げてみましょう。

Step3 身体の緊張の強い子どもへの接し方について，留意点を挙げてみましょう。

第 6 章
視覚・聴覚障がい児等の理解と援助

1 視覚障がい児等の理解と支援

（1）視覚障がいとは

　文部科学省の「特別支援教育について」には，**視覚障がい**とは，「視力や視野などの視機能が十分でないために，全く見えなかったり，見えにくかったりする状態」のことと書かれている[1]。つまり，視力的に文字を読むことが困難なため点字（6点からなる文字）を使ったり，触察（手指で触って認識する）を中心に学習する盲の子どもたちと，両眼視力は目安として 0.05 以上 0.3 未満の子どもたちで，眼鏡で矯正しても視力が出てこないロービジョンの子どもたち，あるいは，視野（見える範囲）などの視機能に著しい障がいがある**弱視**の子どもたちに分かれる。このように，視覚障がいといっても見えない子どもであるとは限らず，一言で視覚障がいの子どもを定義するのは難しい。また，子どもによって見え方がそれぞれ違い，視力も低く，視野も狭いという子どももいる。一般にそのような子どもは，小さい頃から医療機関・相談機関にかかったりしている。なかには，各都道府県の盲学校（視覚支援学校）の幼稚部に通っている場合もある。

（2）子どもの「見えにくさ」とは

　視力は生まれてから徐々に発達していく。3歳半では，最低 0.5 以上の視力が必要とされ，3歳半から4歳頃には 1.0 の視力が出ている子どもは 60 ～ 70％と考えられている。図6-1 のように，6歳ぐらいまでに視力が 1.0 になり，ほぼ成人と同じレベルに達するといわれている。幼児期は子どもたちにとって，見えの発達におけるとても大切な時期である。一方，子どもから「見えにくい」ということばはなかなか聞こえてこない。なぜだろうか。たとえ，周りの大人が「見えてるの？」と聞く機会があったとしても，子どもたちは「見えてるよ」と答えてしまうことも多い。それは，私たち大人は「よく見える状態」を知っているが，子どもたちは，だんだんと見えていく発達過程での「見えにくさ」なので，途中で視力の発達が何らかの原因で止まったとしても，その見えにくさに気付かないことがあり，問題なく見えているような振る舞いになりがちなので注意が必要である。

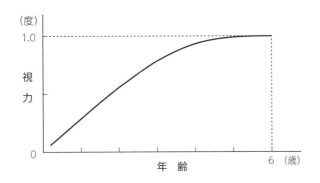

図 6-1　視力の発達曲線

（3）見えにくさの原因

　『令和元年度学校保健統計』によると，視力 1.0 未満の子どもが幼稚園で約 26％，小学校で約 35％在籍しており，小学校において増加傾向にあるといわれている[2]。小学生の見えにくさの原因には，以前より，デジタル画面などの近くを見ることが多くなったりしている日常生活の変化による近視などが，一つの要因とも考えられるだろう。ここで，気になることは，幼稚園児の 26％に，「見えにくさ」を抱える子どもがいるかもしれないということである。0 ～ 6 歳児の知的障がい児を調査したところ，ダウン症の 77.5％，自閉症児の 3.8％，その他児童の 30.7％に屈折異常が見られたとする釣井らの報告もある[3]。

　子どもたちの見えにくくなる原因としては，**近視**（近くははっきり見え，遠くがぼやける），**遠視**（近くを長く見続けられない，あるいは，調整できず，遠くも近くもぼやける），**乱視**（二重に見えたり，ゆがんで見える）の**屈折異常**や，左右の視力が極端に違う，よく見える範囲（**視野**）が狭い，**色覚異常**などがある。

　たとえば，遠視の場合は，訓練用メガネで矯正をして視力を伸ばす訓練が必要になる。図 6-2 のように，訓練用メガネで矯正すれば伸びる視力も，何もしないと視力が伸びていかない。また，左右の視力が極端に違う場合，たとえば，左目視力 0.8，右目視力 0.1 の子どもは，片目を閉じたり，斜め見をしたりする。視力の違いによって，見えを調整しようとした結果の見方になっていると考えられるだろう。ためしに片目を閉じて物を触ってみると，遠近感，立体感が感じにくいと思う。いわゆる 3 次元の世界で生活していくには，左右の目の視力が出ていることが大切であることが理解できる。

　色覚異常については，日本学校保健会の『児童生徒等の健康診断マニュアル』に，男子で約 5％，女子では約 0.2％の先天性赤緑色覚異常があると報告されている[4]。

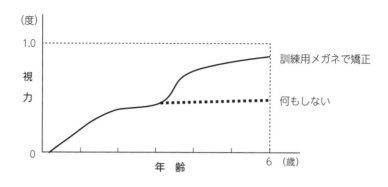

図6-2　遠視の子どもの視力の発達例

色覚異常があると，お絵かきが独特な色使いになったり，信号の色を判別できなかったり，焼けた肉の色がわからないといったことが考えられる。昔と違い，現在は**色覚補正眼鏡**の利用も考えられ，医療機関と相談することにより対応の幅も広がりつつある。

　一方で，病気などで眼鏡による視力矯正ができず，見えにくさを感じている子どもたちもいる。このように，「見えにくさ」にも，さまざまな要因があるが，できるかぎり早い段階で子どもたちの「見えにくさ」を発見し，医療や相談機関につなげることが大切である。今では，早期発見のために，各市町村などで実施されている**3歳半検診**において視力検査が行われている。しかし，ときには正確な視力がわからない状態で通過してしまうこともある。「見えにくさ」に気付かずに，幼児期を過ごしてしまう子どもたちを見つけるためにも，今一度，日常の教育・保育施設での様子から，子どもたちの見えについて気にかける必要もあるだろう。

（4）「見えにくさ」からくる子どもの理解

　乳幼児期に，保護者・第三者が，その子の見えが気になる大きな理由としては，「発達面・情緒面の課題により3歳半・就学前検診で測れなかった」「3歳半検診で片眼視力が測れなかった，または，低視力であった」「斜め見・階段を怖がる」「目を細める」「発達検査で見えが気になる」「違う方向を見たりする」「左右の視線が合わない」「テレビを近付いて見る」「絵本を見ない」などの行動が気になり心配になったといったことがよく挙げられる。目には，調節機能・眼球の動き・色覚・光覚などの機能があるが，なんらかの異常が認められる幼児にみられる特徴を，**表6-1**にまとめる。

　また，見えにくさがある子どもは，落ち着かない子どもであったり，逆に，

表6-1　目になんらかの異常が認められる幼児にみられる特徴・行動

■ 物に顔を近付けて見る。　　　　　　　■ 物を斜めに見る。

■ 積み木遊びや物作りなど長続きしない。　■ 視線が合いにくい。

■ 段差に気付きにくい。　　　　　　　　■ 探すのが苦手。

■ 独特な色使いをする。　　　　　　　　■ 極端にまぶしがる。

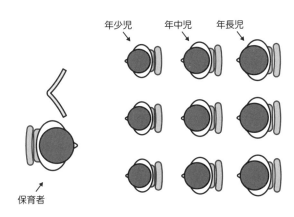

図6-3　読み聞かせの並び方の例

みんなと同じように受け答えができないので，いつの間にか大人しい・目立たない，あるいは，消極的な子どもになる傾向がある。このように，幼児期の「見えにくさ」は，行動や心の面に影響を生じさせる可能性がある。また，目から得られる情報は80％ともいわれ，その後の認知・思考などの発達にも影響があるとも考えられる。

（5）幼児期の見え方の特徴

幼児期の見えは，手が届く距離から始まり，イメージ力が定着すると，だんだんと遠い距離のものでも見て遊べるようになる。これは，図6-1に示される視力の発達からも理解できる。たとえば，年少児，年中児，年長児がいる場合は，図6-3のように並べて，本の読み聞かせをするといった工夫が考えられる。これは，年齢が低くなるほど，視力が平均的に低いうえ，さらには，見る絵本が遠いと集中力が続かないといったことも考えられるからである。年長児になると，遠い距離でもかなり集中して見ることができる。

図6-4　平均台の支援例

（6）「見えにくさ」がある子どもの支援

　ごっこ遊び，積み木や粘土・おもちゃなどを使った遊び，ボール遊び，ブランコなどの揺れ遊び，遊具遊び，ダンス（見本を見ながらまねる）など，子どもが自分からやってみたいと思う遊びをすることで，積極的に見る活動をすることができる。体のいろいろな機能を使いながらの活動は，「見え」につながることから，体の機能と「見る力」の相乗効果が双方を伸ばしていくのである。また，ものの特徴・性質・関係性などを認知する力がさらに身につくと，**視知覚**（形や空間的な位置関係を認知する），たとえば，同じ大きさ，長さ，傾き，形，位置などを判別できるようになり，文字学習にもスムーズに入っていくことができるようになる。

　一般に，**見る支援**とは，「見るべきところを知らせることができる支援」ということになる。たとえば，「色のコントラストを使って目立たせる」「太く輪郭線を書く」「大きく書く」などが考えられる。たとえば，平均台を渡る際の支援では，平均台の棒と床の色のコントラストが見えにくいと考えられる場合は，**図6-4**のように黄色のテープなどを使って，上る位置，渡る棒の筋，下りるところを見やすくするといった支援が考えられる。そうすることで一人で活動できるようになれば，自信や意欲にもつながる。

2　聴覚障がい児等の理解と支援

（1）聴覚障がいとは

　文部科学省の『特別支援教育について』[1]において，**聴覚障がい**とは，「身の回りの音や話しことばが聞こえにくかったり，ほとんど聞こえなかったりする状態」であるとされる。また，学校教育法施行令第22条の3に規定する障がいの程度には，聴覚障がい者とは，両耳の聴力レベルがおおむね60デシベル（音の大きさを音圧〈dB〉で表す）以上のもののうち，補聴器や人工内耳などの使用によっても通常の話声を解することが不可能または著しく困難な程度のものとされている。

　難聴は，障がいの部位によって，外耳道・鼓膜・耳小骨などの障がいである**伝音性難聴**，内耳および聴神経などの障害としての**感音性難聴**，そして，これら2つの障がいが合併する**混合性難聴**の3つに分けられる。伝音性難聴は，たとえ

表6-2　日本聴覚医学会難聴対策委員会による難聴の分類基準

難聴の程度	分類基準	症状
軽度難聴	25〜40dB未満	ささやき声が聞こえない，声が小さいと聞き取りづらく，何回も聞き返す。騒音下での会話も聞き取りにくい。
中度難聴	40〜70dB未満	普通の話し声の聞き間違いや聞きとりが難しい。大きな声での会話は可能。
高度難聴	70〜90dB未満	耳元での大きな声は聞こえる。しかし，聞き取りには限界がある。
重度難聴	90dB以上	耳元での大きな声も聞こえない。

ば，中耳炎などがあり，音が小さく聞こえるため，補聴器を使って音を大きくすると聞こえやすくなる。障がいの程度は比較的軽度であることが多い。感音性難聴には，突発性難聴などがあり，小さい音で，ひずんで聞こえるため，声は聞こえるが，ことばは理解できないといったことが起こる。この場合，補聴器は必ずしも有効でなく，視覚的補助手段による伝達や**人工内耳**といった処置がとられる場合がある。一言で聴覚障がいの子どもは「こうである」というのは難しく，子どもによって聞こえ方がそれぞれ異なる。

　日本聴覚医学会難聴対策委員会による難聴の程度分類では，症状によって**表6-2**のような難聴の分類基準が示されている。

　一般に聴覚障がいの子どもたちは，小さい頃から医療機関・相談機関にかかったりしている。また，各都道府県のろう学校（聴覚支援学校）の幼稚部に通っていることもある。

(2) 子どもの「きこえにくさ」とは

　きこえにくさは，音声言語の自然なやりとりを難しくさせるため，言語を学習する機会を少なくさせるということがある。たとえば，生後3〜5カ月になれば，音のする方向に顔を向けたり，「バブー」などの意味のない喃語^(なんご)の発声が出てくる。10カ月ごろから音声模倣が始まり，「ママ」「ネンネ」などのことばを真似て言うことができるようになる。1歳を過ぎると，意味のある単語を話すようになり，「これな〜に」というような自分の要求が出たり，こちらの要求に応じて行動できるようになる。2歳になると2語文・3語文が出てくるようになる。3〜6歳ごろまでに，それまで，不明瞭だった日本語の発音も完成する。このように見ていくと，幼児期の子どもたちにとって，情緒・概念形成や言語・社会性の発達の観点において，きこえが，とても大切な要因であることがわかる。

表6-3　耳の機能に異常がある幼児にみられる特徴・行動

■ 話す声が大きい。	■ 聞き返しが多い。
■ 発音が明瞭でない。	■ ことばを誤って覚えている。
■ 雑音があると聞き取れていない。	
■ 見えない位置から声をかけると気付かない。	■ 話す方向によって、反応が違う。

　その一方で，子どもから「きこえにくい」ということばはなかなか聞こえてこない。なぜだろうか。たとえ，周りの大人が「きこえた？」と聞く機会があったとしても，子どもたちは「きこえた」と答えてしまう。この場合，どのようにきこえているかというよりも，音が聞こえていることに反応している可能性がある。つまり，そのことばを理解しているわけではなく，音そのものに対する反応にすぎないことも多いだろう。

(3)「きこえにくさ」からくる子どもの理解

　『令和元年度学校保健統計調査』によると，耳疾患がある子どもたちが幼稚園に約2.6%，小学校に約6.3%在籍しているとされる[2]。先天性の難聴の子どもたちは，0.1～0.2%といわれているが，幼児のなかに，何らかの耳疾患によって「きこえにくさ」のある子どもがいる可能性が示されている。

　たとえば，左右の聴力が極端に違う，いわゆる**一側性難聴**（片側の耳が難聴）の場合，音声言語で伝えることは可能であるが，音がどこから出ているのかがわかりにくかったり，音が出ている方向によっては，聞こえていなかったりすることがある。体育館や遊戯室など音が響く環境の場合も聞こえにくいことがある。**両側性難聴**（両側の耳が難聴）の場合は，伝達の手段として音声言語だけでなく，そのきこえの症状によっては，書字言語や口話（読話），指文字・手話・ジェスチャー・表情などの**視覚活用**で伝えることになる。どれか一つで十分ということではなく，多くは話す相手や場面によって複数の手段を組み合わせたりする。

　耳には，音の大きさや音域の高さ，音の方向性を聞き取るなどの機能があり，なんらかの異常が認められると，幼児において，**表6-3**のような様子がみられる。もし，これらの様子が観察されたら，医療や地域の耳の相談機関とともに対応を考えていくことが大切になる。

　このように，「きこえにくさ」があると，状況把握や身体の動きの確認ができず自分の身体行動に影響が出たり，コミュニケーションの状況が理解できないために孤立感・不安感とともに，外界への関心の少なさや，経験不足や社会性・情緒的発

表 6-4　子どもの「きこえにくさ」に対する支援の例

■ 複数の人が同時に話さないで，アイコンタクトをとる・手を上げるなどして自分が話すことを伝えて話す。	■ 放送やアナウンスは，伝わらないことが多いので，直接伝えるか，紙を貼りだすなど，文字や視覚情報で伝える。
■ 顔が隠れないように話す。	■ 不自然にならない程度で，ゆっくり，はっきりと話す。
■ 音声と視覚的な情報を併用する。	■ 雑音が少ない静かな環境で伝える。

達に影響が出るといったことがある。さらには，ことばの発達などの認知・思考にも影響があると考えられる。

　子どもによって違いは見られるが，できるかぎり早く，子どもたちの「きこえにくさ」を発見し，支援につながっていくことを望みたい。今では，早期発見のために，**新生児聴覚スクリーニング検査**がなされたり，各市町村などでなされている保健検診でもある乳幼児健診で，聞こえの問診がなされたりもしている。また，できるだけ早期の適切な対応のため，3歳未満の乳幼児やその保護者に対する教育相談なども，各市町村などで行われている。

(4)「きこえにくさ」がある子どもの支援

　幼児の言語獲得支援において大切なのは，まず，子どもを理解することである。よく理解することで，お互いの共感関係が生まれ，たとえば，遊びを通して築かれる安心した関係のなかで，ことばのやりとりができるようになる。そして，楽しかったことなど，互いに共有しながらことばにしていく。ときには，視覚的な情報を補ったり，発達に合わせた配慮をしながら進めていく。大切にしたいことは，さまざまな体験を通して，子どものなかにあることばのイメージ力を高めることである。触覚・嗅覚・味覚・視覚など，活用できるものを最大限活用しながら，一つのことばにつなげていく。たとえば，「みかん」であれば，味や色，におい，収穫体験などを関係付けて広がりを持たせることができる。そうすることで，子どもたちの語彙数を増やすこともできる。

　一般に，**きく支援**[注]とは，「きくべきところを知らせることができる支援」ということになる（表6-4）。これらの支援により確実に情報が伝わると，子どもの自信にもつながる。

　最後に「聞こえ」と「聴こえ」というように，漢字を使用すると意味合いが変わってしまうこともあり，本節ではあえて，平仮名で「きこえ」と記述・表現していることを理解してほしい。

注)「きこえにくさ」については，聞こえ，聴こえの両方を含んでいることから，表記をひらがな
　　としている。

■引用・参考文献■

1）文部科学省『特別支援教育について』（2020 年 5 月 13 日月閲覧）

　　https://www.mext.go.jp/a_menu/shotou/tokubetu/004/001.htm

2）文部科学省『令和元年度学校保健統計』（2020 年 5 月 13 日閲覧）

　　https://www.mext.go.jp/content/20200325-mxt_chousa01-20200325104819_1-1-1.pdf

3）釣井ひとみほか「早期療育機関における知的障害児の屈折スクリーニング」『日視能訓練士協誌』
　　28, 2000 年 , pp.127-132

4）日本学校保健会『児童生徒等の健康診断マニュアル』，2015 年

5）中佳久，小川圭子「乳幼児期の子どもの教育相談の取り組みに関する研究―見え方を中心に」『兵
　　庫教育大学教育実践研究論文集（教職の先達第 5 号)』，2020 年

6）国立特別支援教育総合研究所『聴覚障害教育 Q&A50―聴覚に障害のある子どもの指導・支援』，
　　2016 年

7）中村公枝ほか編『聴覚障害学（標準言語聴覚障害学）』医学書院，2010 年

8）毛束真知子『絵でわかる言語障害 第 2 版―言葉のメカニズムから対応まで』学研メディカル
　　秀潤社，2013 年

■お薦めの参考図書■

①猪平眞理編『視覚に障害のある乳幼児の育ちを支える』慶應義塾大学出版会，2018 年

②伊藤亜紗『目の見えない人は世界をどう見ているのか』光文社，2015 年

③千田耕基監，大倉滋之編『不思議だね !? 視覚障害のおともだち』ミネルヴァ書房，2008 年

④中島隆『ろう者の祈り 心の声に気づいてほしい』朝日新聞出版，2017 年

⑤倉内紀子監『不思議だね !? 聴覚障害のおともだち』ミネルヴァ書房，2008 年

演習問題

Step1　次の事例は，保育場面での4歳児の様子である。

> 　教室で落ち着きがない子どもがいた。みんなの前で、絵本を読んだり、絵を描いたりするたびに、席を立ったり、近くに来てのぞき込んだりしている。保育者が、よく「ここに来て座って」とひざの上にのせたりして、みんなと一緒のところにいるように促している（みんなのいるところは、絵本と少し離れている）。

　この子の見え方に何か気になることがあるか，話し合ってみよう。

Step2　難聴には，障がいの部位によって，外耳道・鼓膜・耳小骨などの障がいである伝音性難聴，内耳および聴神経などの障がいとしての感音性難聴がある。これらのことを，調べて書き出してみよう。

Step3　視覚障がい，聴覚障がいのスポーツには，それぞれ工夫されていることがある。具体的にどのようなものがあるか調べて書き出してみよう。

知的障がい児の理解と援助

1 知的障がいのとらえ方

2013（平成25）年4月に施行された「**障害者の日常生活及び社会生活を総合的に支援するための法律」（障害者総合支援法）**[1] は，障がいのある人への支援を定めた法律であり，さまざまな福祉サービスを個人のニーズに応じて組み合わせ利用できる仕組みを定めている。この法律における「障がい者」の定義として，第四条には身体障がい者，精神障がい者とともに「**知的障害者福祉法**[2] にいう知的障害者のうち十八歳以上である者」と，知的障がい者も位置付けられている。1960年に制定された知的障害者福祉法は，知的障がい者の自立と社会参加を促進するための法律である。しかし，そのなかに「知的障害」の定義は書かれていない。一般的に知的障がいとは，金銭管理，読み書き計算など日常生活や学校生活において，知的機能を使う活動に支障があることを指す場合が多いが，そもそも「知的機能とは何なのか」についての考え方がさまざまであることが，知的障がいの定義を複雑なものにしているように思われる。

文部科学省[3] は，特別支援教育において，「**知的障害とは，記憶，推理，判断などの知的機能の発達に有意な遅れがみられ，社会生活などへの適応が難しい状態**」であると述べている。また，厚生労働省が5年に一度行う「**知的障害児（者）基礎調査**」[4] では，知的障がいとは「知的機能の障害が発達期（おおむね18歳まで）にあらわれ，日常生活に支障が生じているため，何らかの特別の援助を必要とする状態にあるもの」と定義されている。

知的障がいの判断基準を，表7-1に示す。横軸のaからdが日常生活能力水準を示し，aに近づくほど自立した生活が難しく，dに近づくほど自立した生活ができることを表している。同様に，**知能指数**（Intelligence Quotient: IQ）が低いほどⅠに近づき，IQが高いほどⅣに近づく。横軸と縦軸が合わさったところで知的障がいの程度が判断される。また，米国精神医学会が作成した国際的な診断基準である **DSM-5**「精神疾患の診断統計マニュアル第5版」（Diagnostic and Statistical Manual of Mental Disorders: DSM）では，知的障がいの程度について，IQに加えて言語・読み・書きなどの概念的な領域，共感性・対人コミュニケーションなどの社会的領域，自己管理・レクリエーションなどの生活実践的な領域の3つの領域を重視して考え合わされている。

表7-1　知的障がいの定義と障がいの程度

次の（a）および（b）のいずれにも該当するものを知的障がいとする。

（a）「知的機能の障がい」について

　標準化された知能検査（ウエクスラーによるもの，ビネーによるものなど）によって測定された結果，知能指数がおおむね70までのもの。

（b）「日常生活能力」について

　日常生活能力（自立機能，運動機能，意思交換，探索操作，移動，生活文化，職業など）の到達水準が総合的に同年齢の日常生活能力水準（別記）のa，b，c，dのいずれかに該当するもの。

生活能力　IQ	a	b	c	d
Ⅰ（IQ～20）		最重度知的障害		
Ⅱ（IQ21～35）		重度知的障害		
Ⅲ（IQ36～50）		中度知的障害		
Ⅳ（IQ51～70）		軽度知的障害		

（文献4より引用）

　これらの定義に共通するのは，知的障がいのとらえ方が，IQを中心とした見方から，地域での生活や環境との相互作用を念頭に置いたものに変化していることである。IQといった数値だけで判断するのではなく，その子どもが置かれてきた養育や教育の環境によって数値が低く出ている可能性や，数値では説明できないような能力が実生活で発揮されることも多くある。そして，サポートのあり方によっても本人の状態が変わってくるということを，しっかり考えておくことが重要である。

2　診断とアセスメント

　子どもの成長や発達には個人差があり，発達の仕方にも個性があるが，多くの子どもの発達経過をたどり，そこから平均的な発達の段階を示したのが「定型発達」である。この定型発達と比べてどの程度の差が認められるのかを知るために，知能検査や発達検査が行われる。知能検査は知能指数を明らかにするもので，知的能力の発達に遅れがあるかどうかを判断する手がかりとなる。一般的に発達検査は発達指数（Developmental Quotient: DQ）を明らかにし，一人ひとりの子どもの発達状態を知るために行われる。

（1）特性を理解する方法

　発達の遅れの領域と程度について知ることは，子どもへの働きかけを考えるための重要な手がかりとなる。しかし，「障がいというレッテルをはられるのではないか」と，検査を受けることに困難さが示されることもある。たしかに指数は診断基準の一つであるが，障がいの有無を判断するためだけに検査を行うのではない。検査は子どもの「できないこと」だけでなく，「できること」を明らかにすることに意味がある。全体的な数値にこだわるのではなく，領域別に見ることで，子どもの発達のペースや特徴を客観的に把握することができる。そして，「課題の設定をどこまで下げればいいのか」「手伝いはどこまで必要なのか」といった，本人の発達段階にあわせた適切なサポートに活かすことが可能となる。子どもへの対応や支援を家庭と教育・保育現場で共有して考えるためにも，まずは普段から子どもの様子について話し合い，保護者と信頼関係を築くことが重要である。そして，検査の実施については保護者の理解と同意を得ることが大切である。

　知能検査や発達検査は，地域の保健センター，医療機関，療育機関，巡回相談や教育相談などで受けることができる。子どもの結果について園と相談することもあるため，どのような検査であるのか，結果が園での姿とどう関連しているのかを理解し，教育や保育に生かせるための知識を身に付けることが必要である。

　乳幼児向けの検査として「田中ビネー知能検査」「新版Ｋ式発達検査」「WIPPSI」「遠城寺式乳幼児分析的発達診断検査」など数多くあるが，ここでは発達全般をとらえるための代表的な検査を，2つ紹介する。

1）遠城寺式乳幼児分析的発達診断検査

　1カ月から4歳8カ月までの乳幼児発達の傾向を全般的にわたって分析する。観察と保護者からの聞き取りにより行われ，とくに心身障がい児の発達状況を比較的簡単に検査でき，発達グラフに表すことで，一見して障がいの部位や程度を把握できる。運動・社会性・言語の3分野から質問項目を構成し，「移動運動」「手の運動」「基本的習慣」「対人関係」「発語」「言語理解」の6つの領域で判断する。

2）新版Ｋ式発達検査2001

　生後3カ月頃から成人までを対象とし，「姿勢・運動」「認知・適応」「言語・社会」の3つの領域が評価される。課題の順番は決まっておらず，子どもの興味や反応にあわせて検査を行うことができるため子どもが楽しみやすく，自然な行動から判断することができる。検査者は検査結果だけでなく，言語反応，感情，動作，情緒などの反応も記録し，総合的に判断する。2020年冬には，改訂版（新版Ｋ式発達検査2020）が発行予定である。

これらの検査でわかる**発達年齢**（発達の状態がどのくらいの年齢に相当するか）を生活年齢で割り，100 をかけて DQ が算出される。一般的には，70 未満の場合に知的障がいと判断されることが多い。また，85 以上を「標準域」，70 ～ 84 を「**境界域**（ボーダーライン）」と呼ぶ。境界域は明らかな知的障がいとはされていないが，状況によっては理解と支援が必要な状態である。

　アセスメントでは，指数はあくまで発達状態を知るものさしの一つであり，その子どもの能力の一面にしかすぎないということを忘れてはならない。なじみのない人や知らない場所で検査を行うことは，子どもにとって不安な状況であり，力を発揮できないことも多い。生育歴や行動の観察など，複数の情報をあわせてアセスメントするよう注意しなければならない。

　また，課題の実施が難しい場合には，**行動観察**を重視する。園庭で遊ぶ姿や検査前に待合室で過ごす姿のような子どもの自然な姿を観察する方法である。その際，ただ眺めるのではなく，子どもが一人で遊んでいるときの様子，親子や集団で遊んでいるときの様子，母子分離の不安はどうか，多動や衝動性はあるか，子どもは何に困っているのか，どのような場面で気になる行動があるのかなど，行動観察の観点を明確に持つことが大切である。

（2）名称の変化

　「知的障害（知的障がい）」という用語は，おもに教育・心理・福祉の領域で使われており，診断を行う医学領域では「**精神遅滞**（Mental Retardation: MR）」が用いられてきた。DSM-5 に改訂されてからは「**知的能力障害**（Intellectual Disability: ID）」という名称が使われている。もう一つの国際的な診断基準である世界保健機関（WHO）の**国際疾病分類**（International Statistical Classification of Diseases and Related Health Problems: ICD）が約 30 年ぶりの改訂により第 11 版となり，2019 年 5 月に承認され，日本国内ではこれから翻訳や審議を経て，数年以内に施行される見込みである。それにあたり，日本精神神経学会[5] は新病名案として「**知的発達症**」を公表した。前述した DSM-5 の翻訳でも日本精神神経学会[6] は，児童青年期の疾患で病名に「障がい」とつくことは本人や保護者に大きな衝撃を与えるため，「障がい」を「症」に変えることを提案している。

3　知的障がいの原因

　知的障がいの発生原因はさまざまであるため，知的障がいといってもその程度や特徴は個人によって大きく異なる。発達には多くの要因が関与しているため，

子どもの状態やその子を取り巻く環境を正しくとらえることが重要である。

（1）病理的要因

　先天性の原因としては，**染色体異常（ダウン症**など），遺伝性疾患（フェニルケトン尿症など）がある。妊娠中の問題としては，母体の重度の低栄養，風疹ウイルスによる感染，アルコール，薬（がんの化学療法薬など），多胎妊娠などが要因となることがある。後天性の原因としては，出産時の酸素不足・脳の圧迫など周産期の事故や出生後の高熱の後遺症が挙げられる。脳性麻痺やてんかんなどの脳の器質的な障がい，心臓病などの内部障がいを合併することもある（**重複障がい**）。病理的な要因があると，身体的に健康ではないことが多い。

（2）生理的要因

　とくに知能が低くなる疾患があるわけではないが，たまたまIQが低く障がいとみなされる範囲に位置する場合がある。多くは合併症はなく健康状態はおおむね良好である。知的障がいの大部分はこのタイプであり，障がいの程度は軽度・中度であることが多い。

（3）心理的要因

　生まれ持った要因ではなく，養育者の虐待や会話の不足など，環境や育てられ方が原因で経験が不足し，発達が遅れることがある。社会生活を大切にし，丁寧に経験を重ねることによって，知能が回復することもある（キャッチアップ）。

4　知的障がいに関連する疾患―てんかんを例として―

　上述したように，知的障がいはほかの疾患により引き起こされることがある。教育や保育の現場においてよく見聞きするものとしては，「てんかん」「ダウン症」「自閉症スペクトラム障がい」「注意欠如／多動性障がい」などが挙げられるだろう。ここではおもにてんかんについて取り上げ，その特徴や具体的な対応について検討する。

(1)「てんかん」とは

　てんかんは，発作をおもな症状とする慢性的な脳の障がいである（図7-1）。脳の細胞が通常より多くの電気を出し，その過剰な電気がてんかん発作の症状をくり返す。100人に1人の割合で見られ，乳児から高齢者まで何歳でも発症する。発作の原因としては，脳梗塞や脳炎の後遺症，頭部外傷など原因のはっきりしている

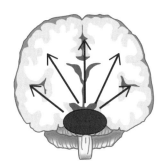
全般発作

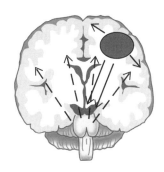
部分発作・二次性全般化発作

図 7-1　てんかん発作の仕組み

もの（**症候性てんかん**）もあるが，多くのものは原因不明である。脳内に明らかな病変が見あたらず，脳が興奮しやすい体質，素因によるもの（**特発性てんかん**）もある。

異常放電がどこからどのように始まるかで発作のタイプは大きく二つにわけられる。一つは全般発作である。「全身のこわばり」「痙攣（けいれん）」「意識を失う」「力が抜けて立っていられない」といった状態が見られる。両手や両足が一瞬ピクッと動く，一瞬意識が飛ぶということもある。もう一つは，部分発作である。大脳のどの部位で始まるかで現れる症状が異なる。「体の一部にこわばりや痙攣（けいれん）が生じる」「脈絡のないことばを発する」「思うように発声ができない」「首や目が横にグーッと動く」「体の一部の感覚がなくなる・鈍くなる」「視覚・聴覚・嗅覚に異常が起こる」「不安感や恐怖感におそわれる」といった精神症状が起こることもある。

小児てんかんは１歳までの発病が最も多く，そのほとんどは症候性てんかんである。幼児期から学童期にかけては，成人までに治っていく特発性てんかんが多いという特徴がある。しかし，なかには乳児重症ミオクロニーてんかん，ウエスト症候群，レノックス・ガストー症候群といった難治性のてんかんもある。難治性のてんかんは，基礎疾患によるものか発作の反復によるものか判別は難しいが，結果として知的障がいを伴うことが多い。難治性のものに限らず，発作を繰り返す場合には，身体的な治療とともに定期的に知能検査（発達検査）を行い，経過を見ることが大切である。

発作の現れ方も原因も人によって大きく異なる。てんかんはあくまで症状であり，一つの病気として扱うことができない。

（2）治療方法

発作が起きるとそれだけ脳へ負担がかかる。とくに乳幼児期は脳機能が急成長する大切な時期であり，できるだけ早く発作を抑えたい。その治療の基本となるの

第**7**章

知的障がい児の理解と援助

が，服薬である。てんかん治療の薬は「抗てんかん薬」といわれ，現在，十数種類の薬の使用が認められているが，多くの場合は1〜2種類の薬で発作は抑制される。できるだけ少ない種類・量で抑制するには，てんかんのタイプに合わせて適切に薬を選択することが重要である。発作が治まらない，副作用がつらいからと勝手に薬を増やしたり減らしたりするのは，かえって状態を悪化させるおそれがある。不安な点については医師と相談し，子どもにとってよりよい処方を一緒に探していくことが重要である。

（3）対応の基本

　大きな発達の遅れなどがない限り，発作はあっても通常学級へ就園・就学が可能である。ただし，発作のタイプや発作時の対応，服薬の有無，治療状況，今後の見通しなど，園や学校の先生と連絡を密にすることを忘れてはならない。病気のことをクラスメイトに伝えるかどうかは，本人や保護者に必ず相談してほしい。病名に一切触れてほしくない，気持ちの整理がつくまで知らせたくないといったケースもある。本人や保護者の気持ちを最優先することが，なにより望まれる。

　てんかん発作は，体調不良や疲れから引き起こされる傾向があるため，普段から生活リズムを整え，体調管理をはかることは重要である。また，テレビ・ゲーム・パソコンのキラキラした光，点滅した光が引き金となり発作が起こることもある。すべての子どもが光刺激に弱いわけではないので一律に制限する必要はないが，部屋全体を明るくし画面に近づきすぎない，画面の輝度は暗めに設定するなどの配慮があるとよい。

　発作時の対応で何よりも大切なことは，落ち着いて対応することである。初めて痙攣を見た子どもたちのなかには，驚いたり恐怖を感じたりする子がいるかもしれない。保育者が落ち着いて「大丈夫」と声をかけるだけでも周りの子どもたちの緊張を和らげ，その冷静な対応が子どものよい見本となる。発作が終わった後に周りが騒然としていたり，みんなの視線を感じたりすると，周囲の子どもたちとの大きな溝を感じて傷ついてしまいやすい。発作を起こしても周りの人は自分を理解してくれていると本人が思えるような対応が望まれる。てんかんを持つ本人にも，周りの人にも，まずはてんかんについての正しい知識を知ってもらうことが大切である。

5　教育・保育現場における知的障がい児への支援

（1）教育・保育における基本的な考え方

　障がいがある子と聞くと，「かわいそうな子」「支援してあげなければ」という

意識を抱く人は少なくないだろう。支援は子どもの成長を促すためにも大切なことではあるが、まずは、知的障がいがある子も「一人の人格ある人間である」ということを忘れないでほしい。障がい児としてではなく、その子自身に向き合うことを大切にしてほしい。保育は「子どもの最善の利益」を目指し行われるものであり、教育は「人格の完成」を目指し行われるものである。子ども一人ひとりの育ちを支えるという基本的な姿勢は、障がいの有無によって変わるものではない。子どもが将来にわたって必要な情報や知識を能動的・意欲的に集められるように、そして自分でじっくりと考えられるようになるための土台となる力を、保育者が子どもと一緒に作っていくのである。とはいうものの、知的障がいについての正しい理解がなくては、その子にとって何が適切なかかわりであるかがわからないままである。よりよい教育・保育を行うためにも、知的障がいの特徴や社会全体の障がいに対する意識についての理解が必要となる。

(2) 知的障がい児の特徴

知的障がい児といってもさまざまなタイプがある。障がいの程度によっても状態は異なるが、ここでは幼稚園や保育所、認定こども園で出会うことが多いであろう中度・軽度域の子どもの特徴について触れる。

1) 成長や発達がゆっくり

得意なことと苦手なことの差が大きいというよりは、発達全般がゆっくりである子どもが多い。ことばがなかなか出ないことから発達の遅れに気づくことが多く、ことばが出てからも発音の不明瞭さや、語彙の積み重ねに時間がかかりやすい。体や筋肉の発達がゆっくりだと、姿勢の崩れや疲れやすさが目立つことがある。あるいは、動きがゆったりしているので、のんびりした子に見えるかもしれない。排泄の感覚をつかむことや、それを自分で訴えられるようになるにも時間を要するため、オムツがはずれるのが遅くなりやすい。自我の発達も遅れがちなので、自己主張の強くなる時期（イヤイヤ期）が、実年齢ではなく発達年齢が2〜3歳になる頃に現れることもある。本人のペースで必ず成長していくのだが、同年齢の子どもの水準には至っていないため、同じことができるようになるには数カ月から数年かかることがある。

2) 説明を聞いて行動することが難しい

日常の会話や言葉の理解ができていても、指示を遂行できない場合がある。話の部分聞きで動いてしまう子どももいれば、聞いた内容を頭の中で保ちながら行動す

ることが難しい子どももいる。たとえば，子どもの近くにカバンがあり，少し離れたところに帽子があるときに，子どもに「帽子を持ってきて」と伝えても，近くにあるカバンをとってしまう。「帽子」「持ってくる」ということを理解していても，目の前の刺激が妨害的に働いてしまい，ことばによる行動調整が難しくなるためである。

3）自信をなくしやすい

　人なつこく表情豊かで，みんなと一緒に行動したいという気持ちが強い子どもが多い。話の内容がよくわからなくても，周りを見ながらあわせようと頑張る姿も見られる。しかし，自分の気持ちや欲求をうまく表現できない，相手の気持ちや状況を推測して考えることが難しいなど，その障がい特性から，年齢において期待される振る舞いや行動がとれないことがある。そのため，成長するにつれて人間関係の悩みが大きくなることも懸念される。また，「みんなと同じようにできない」「行動が遅れる」など，周囲と自分を比較して傷つき，活動に対して苦手意識や自信のなさを感じやすい傾向がある。また，失敗経験を重ねやすいことから，自分の行動がうまくいくという予期（**自己有用感**）が乏しく，活動に対して消極的になりがちである。

(3) 具体的な保育の援助

1）子どもの発達にあった取り組みを考える

　子どもが興味をもって遊びや活動に参加するには，その取り組みが簡単過ぎず難し過ぎず，ちょうどいいことが大切である。本人が興味を持って繰り返し取り組むことで力がつき，土台ができていく。土台がしっかりしていると，新しい活動にも目を向け，少し難しいけれどやってみようと思えるようになる。苦手意識の克服を目指すというよりは，本人のペースでできることを少しずつ進めてみるというイメージである。

2）「自分でできた！」を増やす

　たとえば，ボタンがとめられず大人の援助が必要なら，最後の１つは必ず子ども自身が挑めるようにし，達成感を味わうことができるようにする。援助を減らしていく方法でも，子どもが一人でできることを増やしていく方法でもよいので，**スモールステップ**で進めていく。自分の行動がうまくいく経験は自信へとつながり，生活や学習を意欲的に進めていく力となる。その子なりの努力や得意なところを認め，認めたことは，子ども自身にも，また周囲の子どもたちにも伝わるようにすることが大切である。

3）子どもの力を信じる

　身近な大人が過度に干渉してしまうと，子どもは大人に依存することが多くなり，対人関係も不足しがちになる。つい「できないこと」に目が向いてしまいがちであるが，少しの手伝いがあればできることは生活のなかにたくさんあるはずであり，その少しずつの積み重ねが一番の訓練になる。焦らず，あわてず，子ども自身が続けられることを大切にする。それは必ず子どものなかに積み重なっていく。また，一見意味がないように見える行動でも，大人の「当たり前」で子どもの行動を判断せず，その子どもが今，どのようにその活動を理解し，どのような動作を行っているのか，見守りながら考えることも必要である。

4）保護者とともに育ちを支える

　就学前は，集団生活を見守る保育者のほうが発達の遅れに気づくことが多いかもしれない。そのような場合，保護者に障がいの受容を強要するのではなく，保護者の困り感に耳を傾け，寄り添い，わかる範囲で具体的な助言を心がけることをお願いしたい。診断がなくとも子どもの様子を伝えることや，対応を考えることは可能である。「動くことが好きなので，本人の行動にあわせた声かけのほうがことばを覚えやすいかもしれません」「話を聞くより目で見るほうが得意だから，絵や写真を使って伝えてみましょう」など，やってみたことや子どもの変化についての話合いを続けることで，保護者の気持ちや悩みも変化していく。保護者を支えることが，子どもを支えることにもつながるのである。

■ 引用・参考文献 ■

1）厚生労働省『障害者の日常生活及び社会生活を総合的に支援するための法律』（2020 年 5 月 15 日閲覧）

　　https://www.mhlw.go.jp/web/t_doc?dataId=83aa7574&dataType=0&pageNo=1

2）厚生労働省『知的障害者福祉法（昭和三十五年法律第三十七号）新旧対照条文』（平成十八年十月一日施行）（附則第五十二条関係）（2020 年 5 月 15 日閲覧）

　　https://www.mhlw.go.jp/topics/2005/02/tp0214-1d4-2.html

3）文部科学省『特別支援教育について（3）知的障害教育』（2020 年 5 月 15 日閲覧）

　　https://www.mext.go.jp/a_menu/shotou/tokubetu/004/003.htm

4）厚生労働省『知的障害児（者）基礎調査：調査の結果』（2020 年 5 月 15 日閲覧）

　　https://www.mhlw.go.jp/toukei/list/101-1c.html

5）日本精神神経学会『ICD-11 新病名案』（2020 年 5 月 15 日閲覧）

https://www.jspn.or.jp/uploads/uploads/files/activity/ICD-11Beta_Name_of_Mental_Disorders%20List(tentative)20180601.pdf

6）日本精神神経学会精神科病名検討連絡会「DSM–5 病名・用語翻訳ガイドライン（初版）」『精神経誌』116(6), 2014 年 , pp.429–457

7）林泰史 , 長田久雄編『発達と老化の理解』メヂカルフレンド社 , 2013 年 , pp.1-29

8）中里信和監『「てんかん」のことがよくわかる本』講談社 , 2016 年

9）小池敏英 , 北島善夫『知的障害の心理学 発達支援からの理解』北大路書房 , 2001 年 , pp.166-173

10）日本赤ちゃん学協会編 , 小椋たみ子ほか『言葉・非認知的な心・学ぶ力（赤ちゃん学で理解する乳児の発達と保育)』中央法規 , 2019 年

11）渡部信一ほか編『障害児保育 [新版]―保育の内容・方法を知る（新保育ライブラリ)』北大路書房 , 2014 年 , pp.65-73

■ **お薦めの参考図書** ■

①尾崎康子ほか編『よくわかる障害児保育 [第 2 版]』ミネルヴァ書房 , 2018 年

②トレイシー・E・ホールほか編 , バーンズ亀山静子訳『UDL 学びのユニバーサルデザイン―クラス全員の学びを変える授業アプローチ』東洋館出版社 , 2018 年

③あすなろ学園『気になる子も過ごしやすい園生活のヒント』学研プラス , 2010 年

④川上康則『発達のつまずきから読み解く支援アプローチ』学苑社 , 2010 年

⑤鈴木八朗 , くらき永田保育園監『40 のサインでわかる乳幼児の発達 0・1・2 歳児が生活面で自立する保育の進め方』黎明書房 , 2015 年

演習問題

Step1 「知的障がい」とは，どのような状態をいうのだろうか。

Step2 乳幼児期の行動やことばについて考え，どのくらいの年齢・月齢でどのようなことができるのか調べてみよう。

①運動の発達（例：ものをつかむ，積木をつむ，歩く，ケンケンなど）

②ことばの発達（例：喃語，意味のある単語を話す，大小の理解，自分の名前が言えるなど）

③社会性の発達（例：あやすと笑う，大人のまねをする，バイバイをするなど）

Step3 動作を獲得するまでにどのような過程があるのか，発達段階に分けて考えてみよう。
（例：コップで飲む　①大人がスプーンで口に運ぶ，②子どもがすることができる，③スプーンをレンゲに替えてすするのを待つ，④子ども用のコップを持つことができる，⑤…など）

（1）箸でごはんを食べる

（2）シャツのボタンをとめる

言語障がい児の理解と援助

　ことばの発達は個人差や環境の影響が大きく，障がいの有無や程度，支援の必要性や開始時期についての見極めが難しい。そのため，ことばが遅くてもそのうち追いつくだろう，おとなしい性格なのだろうと楽観視する保護者もいれば，言語発達の目安や他児の様子と比べて不安になり，身近な保育者に相談する保護者も多い。

　厚生労働省は 10 年ごとに「乳幼児身体発育調査」[1] を実施しているが，「言葉を話しますか」という項目の通過率を見てみると，2000 年と 2010 年では，1 歳 0 ～ 1 月未満で 65.7％→57.6％，1 歳 6 ～ 7 月未満で 97.6％→ 94.7％と，初語獲得が遅くなっている。テレビや DVD に子守をさせる時代から**スマホ育児**が進むなど，今後さらなる影響が出ることも考えられる。

1　ことばの問題のとらえ方

　ことばには Speech（話しことば），Language（言語），Communication（コミュニケーション）の 3 つの要素がある。発声・発語・発音や流暢性は話しことばの問題，意味理解・認識・思考は言語の問題，意思表示ややりとりはコミュニケーションの問題となる。また，受容過程→情報処理過程→表出過程という 3 つのプロセスも重要で，ことばが遅い＝表出の問題ととらえがちであるが，まず受容過程の聞こえに問題がないか，ついで情報処理をつかさどる脳機能がうまく働きにくいという問題がないかについても検討が必要である。

　さらに，さまざまな障がいとの関連でもことばの問題は生じる。たとえば，①難聴があり，発音がはっきりしない，②脳性麻痺があり，話したいことがあるのに発声が難しい，③知的障がいがあり，語彙が増えにくい，要求をことばで伝える力が弱い，④発達障がいがあり，おしゃべりがとまらない，受け答えがちぐはぐになる，⑤場面緘黙があり，園ではまったく話さないなど，いろいろ挙げることができる。ほかの障がいに伴うことばの問題，すなわち例示した①～⑤は，本章の言語障がいには含まれない。主たる障がいの特性を理解し，特性をふまえた合理的配慮や支援の方法を考えることが大切となる。

　また，保育者は，家庭環境や多言語環境など環境要因から生じることばの問題にも出会う。とくに，乳幼児期は発達が著しい時期であり，成長途上の一過性の症状であったり，環境調整することで**キャッチアップ**[注]されることもあり，診断や原因

探しにこだわるより，環境を含めた理解を深め，発達を促すかかわりを積み重ねていくことが基本となる。

2　子どもの言語障がい

（1）言語障がい児の療育・特別支援教育に関する現状

　ことばの問題は，病院や乳幼児健診，園などで発見されることも多く，医療・保健，福祉・教育の連携のもと，**早期療育**や**言語聴覚指導**が開始される。**口蓋裂**は生後すぐからかかわりが始まり，ことばが遅い場合は，1歳6カ月健診や3歳児健診での様子や個別相談から，子育て教室や子育てグループ支援の場が紹介されたり，言語の問題が明らかになると**児童発達支援センター**や専門医療機関が紹介される。また，園から依頼があれば，巡回相談や保育所等訪問支援も行われている。

　小学校には，言語障がい特別支援学級や通級指導教室，いわゆる「**ことばの教室**」「**ことば・きこえの教室**」などがあるが，小学校内に幼児部を併設しているところ，幼児単独で設置しているところもある。ことばが遅い，発音が気になる，話し方がはっきりしない，ことばをつまらせる，言いたいことがうまく話せないといった心配ごとに対して，就学前の子どもの保護者の相談に応じたり，指導を行っている。

　なお，通級指導の対象として，障がい種別で最も多いのは言語障がいである。5年ごとに実施される「全国難聴・言語障害学級及び通級指導教室実態調査」[2] の結果から，言語障がいの区分ごとの対象幼児児童生徒の実数，関わる職種，幼児の指導などについて知ることもできる。

（2）言語障がいの定義と種類

　ことばの問題は多岐にわたり，言語障がいを広くとらえると，言語の理解と表現が困難な状態となる。ここでは，文部科学省の定義や子どもに焦点をあてて整理する。

> **言語障がいの定義**
>
> 　「言語障害とは，発音が不明瞭であったり，話し言葉のリズムがスムーズでなかったりするため，話し言葉によるコミュニケーションが円滑に進まない状況であること，また，そのため本人が引け目を感じるなど社会生活上不都合な状態であること」をいう（文部科学省）[3]。

　幼児の場合，成長に伴って改善したり，子ども自身が気にしていないことも多く，周囲がよい聞き手であることは，**二次障がい**を予防するうえで重要である。

一般的に，子どものおもな言語障がいとしては，①**構音障がい**（発音の不明瞭さや誤りなど音韻の障がい），②**吃音**（話しことばの流暢性の障がい），③**音声障がい**（声の質・大きさ・高さの障がい，鼻声など共鳴の障がい），④**言語発達の遅れ**の４つが挙げられる。①～③は Speech・音声機能の障がい，④は Language・言語機能の障がいにあたる。

　本章では，話しことばに関わる①構音障がいと②吃音について詳しく取り上げる。

3　構音障がいの理解と援助

（1）構音障がいの定義と種類・特徴

　構音障がいとは，「話しことばを使うなかで，一定の音を習慣的に誤って発音する状態」をいう。種類は，表 8-1 のように大きく３つに分けられる。

　「①器質性」の原因となる口蓋裂は手術できるまで授乳も難しく，誕生時よりフォローされているが，先天性鼻咽腔閉鎖機能不全のように，構音の誤り（鼻に息が抜ける発音になる）から原因がみつかる場合もある。「②運動性」の代表は，子どもの場合は脳性麻痺である。話す問題は摂食と関連が深く，嚥下障害も起こしやすい。「③機能性」は，年齢的に構音できると期待される語音の理解が必要となるので，表 8-2，表 8-3 を参照してほしい。

　また，構音された音がどのような誤りとして聞こえるかにより，表 8-4 のような３つの特徴がある。３歳では，サ行やラ行など５歳になって正しく構音できる音（s, r）はそれ以前に獲得されている音（ʃ, d）になりやすく，サカナ→シャカナ，ライオン→ダイオンといった誤り方は，よくみられるものである。

表 8-1　構音障がいの種類

①器質性構音障がい	口唇，口蓋，舌，下顎などの構音器官の構造や機能の異常により生じるもの
②運動性構音障がい	神経系や筋系の病気があり，発声発語の運動機能に異常があり生じるもの
③機能性構音障がい	上記のような異常は認められないが，誤って学習された構音が固定化したもの

表 8-2　構音の完成年齢

年齢	完成する構音
2 歳代	パ行，バ行，マ行，ヤユヨワン，母音
3 歳代	タ行，ダ行，ナ行，ガ行，チャ行
4 歳代	カ行，ハ行
5 歳代	サ行，ザ行，ラ行

（文献 4，5 より作成）

表 8-3　発達途上の構音の誤り

音	誤り方
s	t, tʃ, ʃ への置換
ts	t, tʃ への置換
dz	d, dʒ への置換
ʃ	tʃ への置換
r	d, j, w への置換，省略
k	t, tʃ への置換
g	d, dʒ への置換
h, ç, ɸ	省略

（文献 6 より引用）

表 8-4　構音障がいの特徴

①置換	一貫して誤って別の音が発音される。	カ行→タ行：ミカン→ミタン，コアラ→トアラ
②省略	発音されるべき子音が抜けて発音される。	h: ヒコウキ→イコウキ，d: デンワ→エンワ
③歪み	ある音が不正確に発音される。日本語の語音に含まれない音もある。	ハサミ→ハ（サ）ミ：さやシャやチャに似て聞こえるが日本語の音として表記ができない

（2）構音の発達と実態把握

事例 1

M 児と保育者の会話

M 児　：せんせい，あのね，（き）のう，とうえんでね，U 児とあそんだ。

保育者：そう，公園いったの。

M 児　：うん，（こ）うえん。それでね。ブラントのった。すなばでおやまもとぅつった。おお（き）いの。

保育者：おおきいおやまをつくったの。すごいね。

M 児　：とぅつった。とんねる してたら，おたあさんだ，もうすどぅどはんよ〜って むたえに（き）た。また とんどしようねって。

注：（　）は日本語表記が難しい，歪みがあることを表す。

さて，何歳児をイメージしただろうか。M児が3歳前か就学目前かで，評価や対応は異なるだろう。幼児期は構音が未発達で，赤ちゃんことばになりやすいが，自然に正しく話せるように成長することも多いので，発達的な視点をもってみていく必要がある。子どもの発音を構音の完成年齢（表8-2）や発達途上でよくみられる構音の誤り（表8-3）と照らし合わせ，4～5歳をすぎても誤ったまま固定化している場合は，指導が必要となる。

　アセスメントや実態把握のためには，『新版構音検査』[7]『ことばのテストえほん』[8]，独自に作成した「絵カード」などを用いる。また，音の違いを聞き分ける力，発語器官の運動機能もチェックする。「最近話さなくなった」など，二次障がいにも留意する必要があるだろう。

（3）構音障がいのある子どもの発達の援助

　専門機関や「ことばの教室」に通っている場合，保護者や保育者とも連携し，個別の支援計画や個別の教育支援計画が作成されている。言語聴覚士などの専門性を有する者が，個別の指導計画に基づき，発声・発語器官の運動機能を高める指導，正しい構音の定着を図る指導などを行っている。

　ここでは，保育者が日常のなかでできる発達の援助の例を挙げておく。

---

①話す機会を増やす。周囲がよい聞き手となり，話すことが楽しみになるようにする。

②耳を育てる遊びをする。（例：音を聞いて動く，絵カードとり，かるた遊びなど）

③遊びや生活の中なかで，吹く，吸う，噛む，のみ込む，口を動かすといった活動を増やす。

　（例：しゃぼん玉，ハーモニカ，食事，うがい，はみがきなど）

④発音が間違っていても，指摘したり，言い直しをさせない。

⑤聞き手は，正しい発音で，必要なことばを補いながら伝え返す。

　幼児の場合，早く構音練習を始めるより，まずは身体をスムーズに動かせるように，ことばのやりとりが活発になるように，思い切り楽しく遊ぶことから始めるとよいだろう。

4 吃音の理解と援助

（1）吃音の定義

吃音は,「話しことばの流暢性にかかわる障がい」「なめらかに話すことが困難な状態」をいう。「どもり」ともいわれる。幼児が「あのね，えーとね」などをはさみながら話すのは,吃音に含まない。

（2）吃音の特徴と進展段階

次に,吃音の事例を挙げる。

> **事例２**
>
> ## ６年生のＫ児のこころの声とお母さんの話
>
> 母：Ｋ児は,幼稚園に入った頃から,「お,お,おかあさん」とどもるようになりました。
> 2 年生のとき,にこにこ話すのですが,「おーーかあさん,……*大きい……*おにぎり　つくって！」と,ときどき目をぎゅっと閉じるようになり,見ていてつらかったです。最近は,「かあさん,……べんとう　うまかった！」と前より話せています。

　Ｋ児（こころの声）：「おかあさん　おべんとう　おいしいかった！」って言いたいけど,「お」はどもってしまうから,避けるか,別の言い方にしよう。手を上下にふったり,心のなかでタイミングをとって話しているんだ。

吃音の特徴として,3 つの中核症状と随伴症状を表 8-5 に示す。随伴症状は,顔をしかめる,舌がふるえる,体をよじる,息を止めるなどさまざまである（事例中の「…*」は,難発と随伴症状が出ていることを示す）。

表 8-5　吃音にみられる典型的な症状と例

連発（くりかえし）	最初の音や音節を繰り返し話す状態	お,お,おかあさん
伸発（ひきのばし）	最初の音を長く引き伸ばして話す状態	おーーかあさん
難発（阻止・ブロック）	話し始めや途中で声や音が出にくい状態	……（無声）お
随伴症状	付随して引き起こされる過剰な筋緊張や動き	目をぎゅっと閉じる

表8-6 吃音の進展段階

	吃音の症状	認知や感情
第一層	連発，伸発	吃音の自覚がない，自由に話す
第二層	難発，随伴症状，連発・伸発もある	吃音の自覚がある，自由に話す
第三層	緊張性のふるえ，語の言い換えをする	予期不安がある，吃音を隠す工夫をする
第四層	回避が加わる，症状が見えにくくなる	吃音を恐れる，話す場面を回避する

（文献 10 より作成）

吃音の 9 割は**発達性吃音**で，①幼児が 2 語文以上の複雑な発話を開始する時期に起きやすい，②幼児期（2 ～ 5 歳）に発症することが多い，③発症率は幼児期で 8％前後，④波がありうまく話せる時期もある，⑤7 ～ 8 割は自然に治るといった特徴があり[9]，発達的な視点をもつ必要がある。しかし，事例に示したように進行する場合もある。進展段階を，表 8-6 に示す。

（3）吃音の実態把握

実態把握のためには，会話の様子を観察したり，可能であれば音読させ，吃音の頻度を調べる。『吃音検査法 第 2 版』[11]は幼児版もあり，ダウンロードが可能である。症状だけ見るのではなく，吃音に対する認知，不安や悩みの程度，苦手な語や場面，言い換えや回避の有無，また周囲の心配度やかかわり方なども把握する。年長に上がる頃や，悪化傾向が認められるときは，指導・訓練を開始する。「集団参加を避ける」といった二次障がいにも留意する。

事例 2 の場合，母親は前より話せるとプラスに評価しているが，K 児は回避や工夫をしている。進行するとかえって周囲に気づかれにくくなることにも注意が必要である。

（4）吃音のある子どもの発達の援助

専門機関や通級指導の場では，個別の指導計画を立て，話しことばの流暢性を高める指導，自分の吃音を理解する指導，グループ指導なども行っている。幼児の場合，意識させるとかえって悪化しやすいこともあり，**環境調整**がまず必要で保護者が正しい知識を持ち，自信をもって適切なかかわりができるよう支援を行うのがよい。

次に，保育者が日常のなかでできる発達の援助の例を挙げる。

①好きな遊びや得意なことを通して関わり，主体的な発話を促す。

②自由な雰囲気で楽に話をする経験を積ませる。そのために，聞き手は，話し方ではなく，話す内容に注意を向けるようにする。

③症状が出ないことを目標にするのではなく，症状が出ていても話したいことを話せたという満足感や自信をもてるようにする。

④話すことを禁止したり，話し方を注意したり，言い直しをさせない。

⑤「ゆっくり」「落ち着いて」「深呼吸して」といった話し方のアドバイスはしない。

⑥話の途中で，口出ししたり，先取りしたり，代弁しない。話さないですませるような特別な対応もしない。

⑦子どもが話したところまでゆっくり繰り返し，子どもが話し出すのを待つ。

歌や斉読時には吃音は出ない。症状にとらわれずコミュニケーションを楽しみ，話す意欲を育て，自己肯定感を高めるような周囲の働きかけが重要になるだろう。

5 保育現場での留意事項

保育においては，子ども同士の関わりを育てることも大切である。コミュニケーションがうまくいかないと，ひとりで過ごしたり，トラブルが起こりやすくなるし，年齢とともに，誤った発音やことばがつかえることについて，友だちが悪気なく質問したり，まねしたり，ときにからかうことも増えてくる。保育者がことばがけや関わり方のよいモデルを示し，子どもたちにわかりやすく話したり，からかいやいじめには断固として対応し，保護者にも理解と協力を求めることが必要である。

ここまで，おもに Speech に関わる問題を取り上げてきたが，最後に Language に関わる問題にも少しふれておきたい。園児のなかには，ことばを理解し話す能力が年齢的にみて遅れている「言語発達障がい」の子どももいるだろう。**マカトンサイン，インリアル・アプローチ**（Inter Reactive Learning and Communication: INREAL)，**拡大代替コミュニケーション**（Augmentative and Alternative Communication: AAC）など専門的な療育が必要な場合もある（表 8-7）が，保育者としては，ことばの発達を土台から育むかかわり方をすることが，何より大切であると思われる。

乳児はまだ意味のあることばは話せなくても，表情や視線，手足の動き，クーイングや喃語，身ぶりや指さしなどにより，周囲とコミュニケーションをとっている。同じものを見たり，気持ちを共有したり，まねっこ遊びやもののやり

表 8-7　言語発達障がいの子どもに対する専門的な療育

マカトンサイン	サイン・シンボル・音声を用いた言語発達プログラム。ことばにジェスチャーをつけて，理解しやすくする方法。
インリアル・アプローチ	子どもと大人が相互に反応し合うことで，学習とコミュニケーションを促進する方法。自然な遊びや生活のなかで子どもの自発的な動きを尊重し，ことばの力を伸ばしていこうとする療育法。
拡大代替コミュニケーション	コミュニケーションがとりにくい場合，絵カードやタブレットなど補助手段を使って，自分の意思を相手に伝える方法。

とりを楽しむなど，**前言語期**から応答的にかかわり，話しかけることが情緒的絆の形成やことばを育むことにつながっていく。

　小椋のいう「言葉を発達させる４つの基盤」[12]，丸山のいう「言語獲得に必要な力」[13]，中川のいう「脳の積み上げ構造」「ことばのビルをたてる」[14] などもふまえ，保育者は，生活リズム，身体づくり，心育てを土台として，ことばの力を育む必要があるだろう。

　今日，日本語を母語としない子どもの入園も増えており，障がいの有無にかかわらず，保育者には，養護や生活を通して，また遊びを通して，豊かな活動と豊かなコミュニケーションを展開することが求められている。子どもの「伝えたい気持ち」を育み，「生きたことば」を育て，「人と関わることは楽しい」と感じる保育[12] や教育を行うことが，インクルーシブ教育・保育，「思考力・判断力・表現力」の基礎の育成にもつながっていくだろう。

■ 注釈 ■

注）病気や養育環境などの影響で一時期発達が抑制され，相対的に発育が遅れていても，状況が改善すると成長の速度を速めて標準に近づき，遅れを取り戻す現象を**キャッチアップ現象**という。

■ 引用・参考文献 ■

1）厚生労働省『乳幼児身体発育調査』2000 年, 2010 年（2020 年 3 月 31 日閲覧）
　　https://www.mhlw.go.jp/toukei/list/73-22.html
2）国立特別支援教育総合研究所『全国難聴・言語障害学級及び通級指導教室実態調査 報告書』
　　2017 年（2020 年 3 月 31 日閲覧）
　　https://www.nise.go.jp/cms/7,13964,32,142.html

3) 文部科学省『特別支援教育について（6）言語障害教育』（2020 年 3 月 31 日閲覧）

https://www.mext.go.jp/a_menu/shotou/tokubetu/004/006.htm

4) 村上氏広，村地俊二『新生児・小児の発達障害診断マニュアル』医歯薬出版，1982 年

5) 中川信子『健診とことばの相談―1 歳 6 か月健診と 3 歳児健診を中心に』ぶどう社，1998 年，p.98

6) 加藤正子ほか『特別支援教育における構音障害のある子どもの理解と支援』学苑社，2013 年，p.64

7) 今井智子ほか『新版 構音検査』千葉テストセンター，2010 年

8) 田口恒夫，小川口宏『ことばのテストえほん』日本文化科学社，1987 年

9) 国立障害者リハビリテーションセンター研究所『吃音について』（2020 年 3 月 31 日閲覧）

http://www.rehab.go.jp/ri/departj/kankaku/466/2/

10) 菊池良和『エビデンスに基づいた吃音支援入門』学苑社，2013 年，p.13

11) 小澤恵美ほか『吃音検査法 第 2 版』学苑社，2016 年

12) (社) 日本赤ちゃん学協会編，小椋たみ子ほか『赤ちゃん学で理解する乳児の発達と保育③ 言葉・非認知的な心・学ぶ力』中央法規，2019 年

13) 丸山美和子『子どものことばと認識』フォーラム・A，1999 年

14) 中川信子『1・2・3 歳 ことばの遅い子―ことばを育てる暮らしのなかのヒント』ぶどう社，1999 年

15) 葉山貴美子「言語障がい児の理解と援助」小川圭子，矢野正編『保育実践にいかす障がい児の理解と支援 改訂版』嵯峨野書院，2017 年，pp.66-76

■■ お薦めの参考図書 ■■

①中川信子監『ことばの遅れのすべてがわかる本』講談社，2006 年

②髙川康『クイズで学ぶ ことばの教室 基本の「キ」』学苑社，2017 年

③菊池良和『エビデンスに基づいた吃音支援入門』学苑社，2013 年

④佐竹恒夫，東川建監『はじめてみよう ことばの療育（発達障害と子育てを考える本②)』ミネルヴァ書房，2010 年

⑤中川信子『検診とことばの相談―1 歳 6 か月健診と 3 歳児健診を中心に』ぶどう社，1998 年

⑥大伴潔ほか編『言語・コミュニケーション発達の理解と支援プログラム―LC スケールによる評価から支援へ』学苑社，2008 年

演 習 問 題

Step1 ことばの遅れに気付けるよう，0歳から6歳までの言語発達について，おおむねどれくらいの月齢・年齢で，どのような言動が見られるか指標を挙げてみよう。保育所保育指針，母子手帳や発達検査の項目なども調べて書き出してみよう。

Step2 事例1のM児は年長クラスに進級したところです。

①どのような構音の誤りの特徴がみられるか，具体例を挙げて説明しよう。

②担任として，就学に向けてどのような連携が必要か考えてみよう。

Step3 事例2のK児は，年長のときに，友だちから「K児くん，話し方なんかへんだよ」と言われたり，真似されることが増えました。

①そのときのK児の気持ちを考えてみよう。

②担任として，K児や友だちにどのようにかかわるか，障がい理解教育の視点もふまえて考えてみよう。

③グループで①②について話し合って，気付いたことを書き込んでみよう。

第 9 章

発達障がい児の理解と援助

　目が見えにくい子どもや耳が聞こえにくい子ども，歩行が困難な子ども，3歳児健診の頃にことばをほとんど話せない子どもであれば，その子どもに障がいがあることは明らかである。そのため，保育者，保護者はその子どもたちに対する支援の必要性を容易に理解し，支援方法に関しても検討しやすい。

　しかし，そうした目に見える障がいがなく，見ただけではわかりにくい場合がある。障がいが目立ちにくいため，周囲は困った行動ばかりに目がいってしまうケースである。そのため，支援を受けられず，どうすればいいかもわからず困っている子どもや保護者が大勢存在する。その一つが「発達障がい」である。ただ近年では，新聞やTVなどでも数多く取り上げられ，関連書籍もたくさん出版されており，発達障がいに対する理解は格段に広がったと思われる。

1　発達障がいとは

　「発達障害者支援法」は，障がい者に対する早期の発達支援がとくに重要であることに鑑み，発達障がいを早期に発見し，発達支援を行うことに関する国および地方公共団体の責務を明らかにするとともに，発達障がい者に対し学校教育などにおける支援を図ることを趣旨として制定された。2005（平成17）年に施行されたこの法律は，発達障がいの認知度が広がるきっかけの一つとなった。

　「発達障害者支援法」第2条では，発達障がいを「この法律において『発達障害』とは，自閉症，アスペルガー症候群その他の広汎性発達障害，学習障害，注意欠陥多動性障害その他これに類する脳機能の障害であって，その症状が通常低年齢において発現するものとして政令で定めるものをいう」と定義している。つまり「発達障害者支援法」では，発達障がいを①自閉症，アスペルガー症候群，その他の広汎性発達障がい，②学習障がい，③注意欠如多動性障がいが含まれるとしている。また，発達障がいが「保護者の子育てや愛情不足によるものではないこと」をはっきりと示し，脳の認知機能の障がいであることを明記している。教育・保育現場でもこの誤解は少なからず見受けられるが，保育者を目指すみなさんは，発達障がいの原因は子育てや愛情不足ではないことをしっかりと理解してもらいたい。

　発達障がいの定義は「発達障害者支援法」による定義以外に，**米国精神医学会（APA）によるDSM-5，世界保健機構（WHO）によるICD-11**[1]**などによるものが**

広く知られている。ICD-11については，現在，厚生労働省から関連医学会などに日本語版翻訳が依頼されている段階である。そのためわが国ではICD-10が使用されているが，今後，DSM-5による定義がガイドラインになると考えられている。

　また発達障がいのうち，知的障がいをともなわないが言語発達に遅れがある「高機能自閉症」や，知的障がいもなくことばに遅れもない「アスペルガー症候群」などは，程度や症状も一人ひとり違いが大きい。そのため，最近ではこれらをDSM-5の定義に基づいて，「自閉症スペクトラム障がい」と呼ぶのが一般的となりつつある。本章では，「発達障害者支援法」における①自閉症，アスペルガー症候群，そのほかの広汎性発達障がいを，DSM-5に則り「自閉症スペクトラム障がい」として説明する。実際には自閉症，アスペルガー症候群，そのほかの広汎性発達障がいと自閉症スペクトラム障がいとは完全に対応するわけではない。また教育・保育現場では「自閉症」「アスペルガー症候群」「高機能自閉症」などの用語も多く使用されているが，徐々に「自閉症スペクトラム障がい」の用語の使用が増加傾向にある。

　また本章では，発達障がいのうち，保育現場で関わりの深い「自閉症スペクトラム障がい」「注意欠如多動性障がい」（本章では，注意欠如／多動性障がいと称する）「限局性学習障がい」について説明する。なお，注意欠如多動性障がいを注意欠如／多動性障がいとするのは，注意欠如と多動性は異なった特性であるため，両者を別々に説明するためである。

2　自閉症スペクトラム障がい（ASD）

（1）自閉症スペクトラム障がいの定義と行動特徴

　自閉症スペクトラム障がいは，DSM-5による定義では，おもに以下の2つの特徴があるとされている[2]。

①社会的コミュニケーションおよび対人的相互交流における持続的障がいがある。
②行動，興味，または活動の限定された反復的な様式が2つ以上ある。

　自閉症スペクトラム障がいは，これらの特徴が発達早期から認められる障がい（大人になってから特徴が明らかになる場合も含める）と定義される。もちろん個人差はあり，これらの特徴を有していても，個性の範囲とされる場合もある。一方，自閉症スペクトラム障がいは，家庭，学校，その他の日常生活において，これらの特徴が強く出てしまい，社会的生活に困難を引き起こすほどの場合にそれと診断される。

①社会的コミュニケーションおよび対人的相互交流における持続的障がい
　の例
a: 社会的交流または会話を開始できない，またはそれに反応できない，
　　共感できない（社会的および／または情緒的相互関係の障がい）。
b: 他者のボディランゲージ，ジェスチャー，および表現を理解するのが
　　困難で，表情ならびにジェスチャーおよび／または**アイコンタクト**が
　　乏しい（非言語性社会的コミュニケーションの障がい）。
c: 友人を作ったり，さまざまな状況に適応した行動をとることが苦手（対
　　人関係の発達および維持の障がい）。

　これらに対して，保護者や保育者が気付く最初の特性は，言語やことばの遅れや
保護者または一般的な遊戯に対する関心が弱いことである。

②行動，興味，または活動の限定された反復的な様式の例
a: 繰り返し手をたたく，または指をはじく，奇異な語句を繰り返す，ま
　　たは聞いたことばをすぐに反復する（**エコラリア**：反響言語），おもち
　　ゃを並べる（常同的または反復的な動作または話し方）。
b: 食事または衣服の小さな変化に過度のストレスを感じる，常同的な
　　あいさつの儀式を行う（日常動作および／または儀式的行動への融通の
　　効かない執着）。
c: 掃除機に固執する，電車の運航スケジュールを書き出す，保育者およ
　　び保護者の車の車種，プレートナンバーを記憶する（きわめて限定的で，
　　固定された関心が異常に強力である）。
d: 特定の匂い，味，または触感への過度の嫌悪，痛みまたは温度に関心
　　がない（感覚入力に対する過度の過敏性または鈍麻性）。

　自閉症スペクトラム障がいのほとんどすべての子どもにおいて，交流，行動，
およびコミュニケーションに少なくともある程度の困難さがみられるが，個人差が
多い特徴がある。
　現在の仮説では，自閉症スペクトラム障がいにおける基本的な問題は，他者の
考えを想像することができないことと考えられている。この問題により他者との
交流関係にトラブルが生じ，さらに言語発達の遅れに至ると考えられる。保護者
や保育者が気付きやすいのは，コミュニケーションのために行う遠くの物体の指

差しが1歳時にできないことである。自閉症スペクトラム障がいのある子ども
は，指し示されている物を他者が理解するということを想像できないと考えられて
おり，その代わりに，欲しい物に実際に触れるか大人の手を道具として使用する
ことによって，欲しい物を明示しようとするクレーン現象がしばしばみられる。

（2）自閉症スペクトラム障がいの発症率と併存症

　近年，自閉症スペクトラム障がいの発症率は，基準の取り方によってさまざまで
あるが，おおむね1～1.5％との報告が多くなされている。2017年の**米国疾病管
理予防センター（CDC）**による報告では，発症率は1.46％で，男児の方が女児よ
りも4.5倍多いとされている[3]。

　さまざまな併存症が知られており，とくに知的障がいが併存する。またてんかん，
睡眠障がい，便秘を合併しやすいとされている。てんかんの併存は，20～40％程
度で知的障がいが重い(IQ＝50未満)ほど多く認められる。そのため教育・保育者は，
自閉症スペクトラム障がいのある子どもを教育・保育するにあたっては，てんかん
（第7章参照）に関しても学んでおくことが必要である。

（3）自閉症スペクトラム障がいの支援

　自閉症スペクトラム障がいの子どもは，独特の発達スタイルをもっている。日常
生活において子どもがストレスを感じることがないよう，その子どもの特性に合わ
せて生活環境を見直したり，工夫したりすることが支援の基本となる。支援の方法
は多くあるものの，子どもにとって負担になり過ぎないように気を付けることが必
要である。

1）見通しを持ちやすくする

　自閉症スペクトラム障がいの子どもは，先の見通しを持つことが苦手なため，
不安のなかで生活をしている。その不安を和らげるため，先の予定を事前に伝える
ように心がけることが大切である。また一度伝えた予定が変更になるとパニックに
なりやすいため，天候に左右される運動会，遠足などの行事は，雨天中止の場合の
計画もあわせて伝えておくことが大切である。

2）視覚的に見てわかりやすい環境にする

　自閉症スペクトラム障がいの子どもは,耳で聞いた聴覚的な理解は苦手であるが，
目で見た視覚的な理解は優れている傾向がある。また，話しことばで説明される
よりも，イラストや文字などを見たほうが理解でき，納得しやすいという特徴もあ

る。そのため，子どもが登園してから下園するまでの一連の行動と時間をイラスト
や文字で示して壁に貼っておくと，目で確認しながら準備できるので本人の安心に
つながる。

3）具体的な指示を出す

　教育・保育者は自閉症スペクトラム障がいの子どもに対して，抽象的ではな
く具体的な指示を出すことが必要である。たとえば「もう少し待って」「それを
取って」「ちゃんとしようね」といった指示では，場面に応じて内容が変化するた
め，自閉症スペクトラム障がいの子どもは混乱しがちである。そこで「3分待って」
「牛乳瓶を取って」「T君の後ろに並んで待っていてね」など，具体的な指示を出す
と理解し伝わりやすい。

4）感覚過敏を理解する

　自閉症スペクトラム障がいの子どものなかには視覚，聴覚，触覚，嗅覚，味覚，
痛覚などの感覚がとても敏感な子どもがいる。たとえば，近くを通る救急車のサ
イレン音でパニックを起こしてしまったり，学校の制服を嫌がって着られなかったり
することもある。障がいのない子どもたちにとっては気にならない程度の刺激でも，
本人にとってはとても強い刺激として感じられている場合もある。また，昨今の新
型コロナウイルス対策が求められる状況においては，マスクをつけることが困難な
ため，厳しい視線やことばを受けることもある。周囲から「わがままな子」と誤解
されてしまうこともあり，本人や保護者にとっては悩みになっていることもある。

3　注意欠如／多動性障がい（AD/HD）

（1）注意欠如／多動性障がいの定義と行動特徴

　文部科学省の 2003 年の「今後の特別支援教育の在り方について（最終報告）」では，
注意欠如／多動性障がいについて「年齢あるいは発達に不釣り合いな注意力，およ
び／または衝動性，多動性を特徴とする行動の障害で，社会的な活動や学業の機能
に支障をきたすものである」と定義している。また，7歳以前に現れ，その状態が
継続し，中枢神経系になんらかの要因による機能不全があると推定される」とされる。
　以下，注意欠如／多動性障がいについて，①**不注意**，②**衝動性**，③**多動性**の
3つの特徴に分けて説明する。

1) 不注意

　不注意とは，集中力が持続せず，継続的に一つの物事に取り組むことができないことである。周囲から見ると，すぐに物事を投げ出してしまうように見えるが，決して本人の理解力が乏しいからではなく，また反抗心などによるものでもない。細やかな注意ができず，ケアレスミスをしやすい。

> ①注意を持続することが困難である。
> ②上の空や注意散漫で，話をきちんと聞けないように見える。
> ③指示に従えず，宿題などの課題がはたせない。
> ④課題や活動を整理することができない。
> ⑤精神的努力の持続が必要な課題を嫌う。
> ⑥課題や活動に必要なものを忘れがちである。
> ⑦外部からの刺激で注意散漫となりやすい。
> ⑧日々の活動を忘れがちである。

2) 衝動性

　衝動性とは，どのようなことが生じ得るかあまり深く考えず，すぐに行動に移す傾向である。気になるものが目に入ると，危険をかえりみずに突然道路に飛び出してしまったり，相手のことを考えずに思いついたことばを発して他人を傷付けてしまったりすることも，しばしばみられる。

> ①静かに遊んだり余暇を過ごしたりすることができない。
> ②しゃべり過ぎる。話し出すと止まらない。
> ③順番待ちが苦手である。
> ④ほかの人の邪魔をしたり，割り込んだりする。

3) 多動性

　多動性とはじっとしていることができずに，絶えず動いている状態のことである。たとえば，学校の授業を椅子に座って聞き続けることが困難であり，教育・保育活動や授業中に教室の内外を歩き回ったりする。貧乏ゆすりを繰り返すこともある。

> ①着席中に，手足をもじもじしたり，そわそわした動きをする。
> ②着席が期待されている場面で離席する。

③不適切な状況で走り回ったりよじ登ったりする。

　　④じっとしていることができない。

　注意欠如／多動性障がいといっても，子どもによって特徴はさまざまで，「①：不注意のみがみられるタイプ」「②と③：衝動性・多動性のみがみられるタイプ」「①～③：不注意，衝動性・多動性がともにみられる混合タイプ」などいろいろある。

(2) 注意欠如／多動性障がいの発症率と併存症

　注意欠如／多動性障がいの発症率については各国の報告に多少の差があるが，子どもの約3～7％とされている。また男児の方が発症率が高く，少なくとも女児の2～3倍以上との報告が多くなされている。

(3) 注意欠如／多動性障がいの支援

　注意欠如／多動性障がいの子どもは，「不注意」「多動性」「衝動性」という特徴がある。教育・保育場面においては，こうした子どもの特徴に応じた支援の工夫をすることが求められる。

1) 自己有用感や成功体験を作る

　自己有用感とは「自分はやればできる」と感じることである。自己有用感は生活のなかで，うまくできたという成功体験を重ねることにより育まれる。教育・保育者や保護者などが子どもの行動に対して肯定的にとらえ，ほめる機会を多くすることは効果的である。なおほめる時には，「すぐに」「本人がわかるように」「本人が喜ぶ」ようにほめることが必要である。

　このように，教育・保育場面では子どもの成功体験のための環境を整えることが基本となる。そうして子どもが成功体験を重ねるかかわりをすることで，子どもが自分の感情をコントロールすることが可能となり，課題に対して積極的に取り組もうとする気持ちや意欲を高めることができる。

2) 不必要な刺激を取り除く

　集中することが苦手であったり，注意がそれやすい注意欠如／多動性障がいの子どもは，気になることがたくさんあると集中力を持続することが困難になる。そのため，まずは，不必要な刺激を取り除いた環境を用意することが大きな支援となる。

　使用していない玩具類は片付けたり，カーテンなどでブロックし見えないように

するだけでも集中しやすくなる。保育者の話を聞く場合も，一番前に座るようにするとほかの子どもが目に入りにくくなって，注意がそれにくくなる。保育場面には多くの刺激があり，環境を完全にコントロールすることは難しいが，可能な範囲でも環境調整を心がけることは，一定の効果がある。

3）注意を向ける工夫をする

　余計な刺激を取り除くことと同時に，刺激に反応しやすい注意欠如／多動性障がいの特徴を生かす方法もある。重要な指示を伝えたい時や注意を保育者に向けたい時に，子どもの名前を呼んで注意を指導者に向ける方法である。話す口調やテンポにメリハリをつけたり，ピアノなど楽器を用いるのも一つの方法である。

4）適度な動きを取り入れる

　多動性が強い子どもは，座って話を聞き続けることが苦手である。子どもがずっと座って集中する活動をするときには，ときどき伸びをしたり，物を取りに来てもらったり，友だちの作品を見に立ち上がるなどの適度な動きを取り入れることが効果的である。座ることに苦手意識を持たないようにもなる。

5）自分の行動を考えるきっかけを作る

　衝動性が強い子どもは，思いついたことをすぐに行動に移してしまいがちである。ブランコの取り合いに負けて，友達をたたこうとしたその瞬間の，保育者から子どもへの声かけは，子どもが自分の行動を考えるきっかけになる。自分自身の行動を冷静に考えることを繰り返すことで，少しずつ自分の行動を自分自身で考えることが可能となる。

4　限局性学習障がい（SLD）

（1）学習障がいの定義と行動特徴

　文部科学省は，学習障がいを次のように定義している。

> 　学習障害とは，基本的には全般的な知的発達に遅れはないが，聞く，話す，読む，書く，計算する又は推論する能力のうち特定のものの習得と使用に著しい困難を示す様々な状態を指すものである。

> 　学習障害は，その原因として，中枢神経系に何らかの機能障害があると推定されるが，視覚障害，聴覚障害，知的障害，情緒障害などの障害や，環境的な要因が直接の原因となるものではない。

　またDSM-5では，限局性学習障がい（SLD）とされており，以下の症状が6カ月以上持続することとされている。

> ・書字に努力を要し，不的確または速度が遅い。
> ・読んでいるものの意味を理解することが困難である。
> ・書字が困難である。
> ・計算することや数学的な理論が困難である。

（2）限局性学習障がいの発症率と併存症

　限局性学習障がいの発症率は，学習の困難さが明らかになってから限局性学習障がいを疑うことや学習の困難さがあっても医療機関につながりにくいなどの事情から，正確な数値は出しにくいとされている。そのため研究者によって発症率は5～15％と，かなりのばらつきがある。わが国では，2012（平成24）年の文部科学省の調査による4.5％が，良く知られた限局性学習障がいの発症率である。

　限局性学習障がいが気付かれるのは，本格的な学習（勉強）が始まる小学校入学以降になってからが多いが，幼児期では一人だけ相手の話を理解できない，形の認識ができない，不器用ではさみが使えないなどの特徴がみられることがある。

　また限局性学習障がいは，自閉症スペクトラム障がいや注意欠如／多動性障がいを併存していることも多く，社会性の困難さや不器用などが学習困難の度合いを高めている場合もある。

（3）限局性学習障がいの支援

　限局性学習障がいは知的障がいとは異なり，苦手なこと以外の学習能力は平均以上になる子どもも多く，本人が困っていることに周囲が気付きにくい側面がある。そのため「なまけている」「本人の努力が足らない」と思われがちである。周囲の無理解が本人を苦しめ，自信をなくしたり，友達と関わることを嫌がってしまったりすることもある。多様な困難さを予想し，寄り添い，一人ひとりに応じた支援が必要である。

　文部科学省では，学習障がいに対する配慮事項として，以下の点を挙げている[5]。

ぜひ，そういう子どもがいることも考慮して，教育や保育の場に臨んでほしい。

①個々の特性に合わせた支援。
②教科学習の困難に対する補充指導。
③周囲の児童生徒に対する障害理解の醸成。
④ICT 機器の活用。
⑤個別の教育支援計画，個別の指導計画の活用。
⑥情報伝達における配慮。
⑦自己肯定感や自己有用感を高めていくような指導。
⑧周囲の理解。

■ 引用・参考文献 ■

1）日本発達障害連盟編『発達障害白書 2020 年版』明石書店, 2019 年, pp. 48-49

2）米国精神医学会編, 日本精神神経学会監修『DSM-5 精神疾患の診断・統計マニュアル』医学書院, 2014 年

3）Autism Spectrum Disorder (ASD) について（2020 年 6 月 12 日閲覧）
https://www.cdc.gov/ncbddd/autism/data.html

4）伊藤健次編『新・障害のある子どもの保育 第 3 版』みらい, 2016 年

5）文部科学省『特別支援教育の在り方に関する特別委員会 合理的配慮等環境整備検討ワーキンググループ（第 4 回）配付資料』, 2011 年

6）井村圭壯, 今井慶宗編『障がい児保育の基本と課題』学文社, 2016 年

7）小林徹, 栗山宣夫編『ライフステージを見通した障害児保育と特別支援教育（シリーズ 知のゆりかご）』みらい, 2020 年

8）鶴宏史編『障害児保育』晃洋書房, 2018 年

9）公益財団法人児童育成協会監, 西村重稀, 水田敏郎編『障害児保育』中央法規出版, 2015 年

■ お勧めの参考図書 ■

①佐々木正美『発達障害の子に「ちゃんと伝わる」言葉がけ』すばる舎, 2015 年

②テンプル・グランディン, リチャード・パネク『自閉症の脳を読み解く どのように考え，感じているのか』NHK 出版, 2014 年

③本郷一夫編『「気になる」子どもの保育と保護者支援』建帛社, 2010 年

④松坂清俊『発達障害のある子の発達支援──保育・教育臨床と心理臨床の統合』日本評論社，

　2006 年

⑤本田秀夫『発達障害 生きづらさを抱える少数派の「種族たち」』SB クリエイティブ，2018 年

演 習 問 題

Step1　自分のクラスに発達障がいの特徴のある子どもがいたときに，教育者・保育者として最初に何を確認しようと思いますか。

Step2　自閉症スペクトラム障がい，注意欠如／多動性障がいの共通点と相違点について考えてみましょう。

Step3　どうすれば，感覚過敏でマスクをつけることを嫌がる発達障がいのある子どもと外出しやすくなると思いますか。グループで考えてアイデアを書き出してみましょう。

「気になる子ども」の理解と援助

　保育所や幼稚園，認定こども園などの保育者は「気になる子ども」ということばで，保育上なんらかの課題がある子どもを表現することがある。筆者もそういった子どもたちに出会ってきた。H県内の公立保育園の保育士へのアンケートでは，とくに発達が「気になる子ども」は，全体の約 10％程度にのぼったという結果も出ているほどである。学術論文データベース「CiNii」で「気になる子ども」を検索すると 500 件近くがヒットし，おもに発表年は 1990 年代から現在までに集中している。

　本章では，保育者にとって「気になる子ども」について，国立特別支援教育総合研究所のアンケート調査[1]を中心に取り上げ，解説する。そして，保育所や幼稚園，認定こども園などへの支援を行う者が留意すべき点について検討したい。

事例 1

４歳児クラスの A 児

　A 児は，保育室から飛び出すことが多く，新任の担任は困っている（年少時に比べると，保育室で過ごす時間は増えている）。朝，登園してすぐに保育室の外で過ごすこともあれば，しばらく保育室にいるが，制作や歌を歌う時間などに保育室から出て行くこともある。その際，担任は他児の対応もあるため，A 児に声はかけるが，保育室から出て行った A 児を追いかけるのは，副担任や補助の先生であることが多い。しかし，副担任や補助の先生がいない場合は，担任 1 人で対処せざるを得ない状況であり，担任はどうしたらいいのかと疲弊している。

　友だちとのかかわりでは，A 児が通ろうとした場所に他児の椅子があると，「通られへん！」と椅子を蹴ったり，給食の際，他児が手洗い場に並んでいるにも関わらず，その列に強引に割り込んでいき，他児から「並ばなあかんねんで！」と注意を受けるも，強引に手を洗い，洗い終わるとその場から離れるといった様子がみられる。

　また，年少時や年中に上がった頃，友だちを噛むことも度々あり，現在も，友達を押したり叩いたりなどの乱暴な行動が頻繁にみられる。たとえば，

近くにいる女の子のところへ行き，その子の頭をパンと叩き，女の子が嫌がっても数回続け，女の子が泣き出したことによって担任が気付き，担任から注意を受けると，A児はまたどこかへ行ってしまうといった具合である。さらに，大人に対しても，頭突きをしてぶつかっていくこともある。

1 その特徴と背景

(1)「気になる子ども」について

　矢野らによると，気になる子どもとは，「定型発達児と比較して知能，認知，感情・社会，運動発達に問題が疑われ，そのため問題行動が気になる子どもと，家庭環境などに問題があり，今後上記の領域に問題を生じる恐れがあるため，気をつけないといけない子ども」と定義されている[2]。

　保育所や幼稚園，認定こども園などの保育者が「気になる子ども」ということばを使うのは，子どもが乳幼児であるため，障がいがあるかもしれないが診断がついていない場合や，子どもが示す気になる行動が障がい特性によるものか，養育などの環境のためなのかがわかりにくい場合が多いからである。したがって，「気になる」ということばで表現される内容は保育者によって異なる。よって，保育所や幼稚園，認定こども園に支援を行う者は，保育者たちが「気になる子ども」ということばをどのように使っているかを正しく理解し，幅広く対応できる準備をしておかなければならない。

　国立特別支援教育総合研究所の調査[1]では，「気になる子ども」について「**発達障がい**が想定されるものから，**被虐待**や**アレルギー**まで多岐にわたる」ことが指摘されている。「気になる子ども」がいる場合の保育上の課題や現在行っている支援の実際についての調査では，「気になる子どもの行動面の課題」「集団活動における課題」について多く回答され，支援の実際としては「個別のかかわり・声かけ」が半数以上を占めていた。また，中山による保育者の感情的保育実践に着目した調査では，保育者の熟達化との関連では，保育者の経験年数が長いほど，「気になる」子どもに対応する際の感情コントロールおよび共感的な対応が増えること，また子どもに対する厳しさや怒りの感情が低減し，クラス規模が大きくなるほど，またクラスにおける「気になる」子どもの人数が多くなるほど，保育者にネガティブな感情が表出しやすくなる傾向が示唆されている[3]。

　このように回答された内容は，発達障がいが想定されるものから，無気力な子ども，自分を出しにくい子ども，被虐待の疑いがある子どもやアレルギーのある子ど

もまで多岐にわたっている。近年，発達障がいに関心が寄せられているが，保育者が「気になる子ども」として見ているのは，発達障がいのある子どもだけではないことは明らかである。

　本調査 [1] の回答を多い順に整理すると，「発達上の問題」「コミュニケーションの問題」「落ち着きがない」となり，この３カテゴリーが全体の52％であった。また，この３カテゴリーは，学年別では４歳児を除く各学年で，所属機関別ではすべての機関で上位を占め，回答数の順位も同様であった。このことから保育者は，子どもたちの発達の遅れやアンバランス，構音や吃音といった音声言語や視線の合い方などのコミュニケーション，落ち着きのなさや集中力の欠如などが，とくに気になっていることがうかがわれる。

　これを学年別に見ると，「発達上の問題」「コミュニケーションの問題」「落ち着きがない」の３カテゴリーが，５歳児で最も多くなっている（57％）。５歳児は卒園，小学校への就学が近い学年であり，保育者がとくにこれらの問題について多く気にしているものと考えられる。また「しようとしない」が，未満児や３歳児に比べ，4，5歳児で増加していた。これについては，子どもが身の回りのことを学年相応に自力でできるようになることを保育者は期待しているが，実際には，期待通りに成長していない子どもがおり，そのことが気になっているものと推察される。

　一方，「乱暴」は５歳児になると大きく減少していた。これについては，５歳児になり，「乱暴」な行動ではなく，音声言語で対人行動をとろうとするようになるためであると考えられる。しかし，「コミュニケーションの問題」が５歳児で増加していることや，加齢とともに「対人トラブル」が増加するとの本郷ら [3] の指摘を考え合わせると，行動面では確かに乱暴さはなくなったものの，表出される音声言語によるコミュニケーション上の問題となって現れているとも考えられる。

　さらに本郷ら [4] は，「対人トラブル」の原因が，気になる子ども本人だけでなく，周囲の他児にもあることを指摘している。このことから，気になる子どもの言動の原因を，本人にのみ求めるのではなく，周囲の他児との関係にも着目していく必要があることがうかがえる。

　また，全体的な傾向として，幼稚園教諭は子どもの発達状況を気にする傾向があり，保育所の保育士は子どもの日常生活を気にする傾向があることも指摘されている。

（2）気になる行動をする子どもの行動特徴

　本調査で，気になる子どもの状況として挙げられたなかで，回答が多かったのは，「発達上の問題」「コミュニケーション」「落ち着きがない」「乱暴」「情緒面での問題」の順であった。

回答者が受け持つ学級の学年によって分類した結果についてみると，「発達上の問題」は加齢とともに回答割合が増加した。「コミュニケーション」「落ち着きがない」は４歳児で一度減少し，５歳児で再び増加する傾向が認められた。これらの３カテゴリー以外を見ると，「乱暴」が５歳児では減少している。「しようとしない」は未満児や３歳児に比べて４，５歳児では増加している。「情緒面での問題」は，どの学年層でも一定割合で認められた。「集団への参加」は３歳児が最も多く，４，５歳児では減少していた。

2　発達の援助と生活の保障

　子どもの「気になる」行動への対応としては，設問「気になる子どもがいる場合，どのようなことが保育上課題になっていますか？」に対する自由記述に，保育上の課題として挙げられたなかで回答が多かったのが，「気になる子どもの行動面の課題」（23％），「集団での活動における課題」（20％），「他児との関係」（14％），「コミュニケーション」（13％），「心理的安定」（12％）の順であった。

　また，気になる行動の原因とその対応では，障がいのある子どもに対しては，

なるべく早く専門的な支援を行うことが，子どもの発達支援の観点からも大切であると考えられるが，①明らかに障がいがあると判断できないケース，②障がいがあるが，親がそれを受け入れられていないケースなど，十分な支援につながっていない場合も散見される。このように「気になる」という段階から，しっかりと親子をサポートする仕組みや支援が必要とされていることがわかる。

そのため，保護者が身近にしっかりと支援が受けられるようにしていくことも必要である。たとえば，障がい児の専門機関を敷居の低い通いやすい場にしていくとともに，障がい児の専門機関が，保健センターや親子が集まる場などに出向いていくことにより，専門的な支援が受けやすいようにしていくことなどが考えられる。また，障がいの確定診断前から支援が受けられるようにすることや，保護者の心が揺れているような段階に，発達支援のサービスを体験利用できるようにすることも考えられる。このように，保護者の気づきを大切にして，その気持ちに寄り添った支援を行っていくことが必要である。

身近で保護者に接している者（保健師，保育士など）と，障がい児の専門機関の担当者が，別々に関わるのではなく，連携しながら重層的に対応していくことにより，早期発見，早期の支援につなげていくことが求められている。

事例3

5歳児クラスのC児

C児は，担任の一斉指示では動けず，個別に声かけをする必要がある。しかし，給食や帰りの準備など，毎日繰り返すことについては，個別に声かけをしなくても動くことができる。

他児とは，なかなかことばでのやりとりは難しく，遊びのルールも理解できないため，数人で何かをして遊ぶということはないが，友だちとかかわることは嫌いではないようである。

年長になってさらにC児と他児との違いが目立ってきたことや，来年度には就学をひかえていることもあり，担任は，保護者に園での様子を伝えた。すると，保護者は，「うちの子に何か障がいがあるっていうんですか！家では困ってません！」と激怒し，それ以来，担任はなかなか保護者と話をすることができずにいる。

3 教育・保育現場での留意事項

　本調査の全体結果を見ると，「気になる子どもの行動面の課題」と「集団での活動における課題」の２カテゴリーの回答が多く，次いで「他児との関係」「コミュニケーション」「心理的安定」が，ほぼ同じ割合であった。「集団での活動における課題」が２番目に多いことから，保育者は気になる子ども本人への支援をしながら，学級全体をどう運営していくかに課題意識を持っていることが明らかとなっている。この傾向は，学年別に見た際，５歳児でとくに顕著であった。

　所属機関別に見ると，３群がそれぞれ異なった回答傾向を示した。幼稚園では「集団」「行動面」「他児との関係」の順であり，公立保育所は「集団」「他児との関係」「心理的安定」の順，私立保育所は「行動面」「集団」「コミュニケーション」の順で，回答が多かった。この結果から，幼稚園と公立保育所では学級経営や他児との関係を重視し，私立保育所では，気になる子ども本人に注目する傾向があるものと推察される。

　また，全体結果を見ると「個別の関わり・声かけ」が半数以上を占め，「けじめ・注意」と合わせると，約66％が個に対する支援に関する内容であった。この結果から，保育者は個別に声かけや注意などを繰り返していることが多いと考えられる。これらは特別な支援というよりも，日常の保育の量的な拡大といえる内容である。

　その一方で，「保育上の工夫」や「友だちづくり・関係調整」「活動の設定」といった，質的に工夫のある支援に関しては回答が少なく，全体で約20％にとどまっていた。これは上述のように，未満児では個に対する対応が多いためと思われる。所属機関ごとでは幼稚園が約３割と多かったが，保育所２群は約１割と少なかった。

　なお，少数ではあるが，「人員配置・協力体制」に関する回答があり，「担任同士の共通理解」「園（所）全体で把握」「援助の仕方を職員同士で同一にする」などが記されていた。学級担任や保育者が孤軍奮闘せず，幼稚園・保育所等の全体で支援する体制づくりも，「気になる子ども」への重要な支援の在り方であろう。

事例４

４歳児クラスのＤ児

　Ｄ児は，次の行動をするまでに時間がかかり，みんなよりもスタートが遅れがちである。一斉の指示や先生の話を聞くとき，違うところを見たりして，話を聞いていないこともしばしばである。

じっくり様子を観察すると，遠くをよく見つめており，しばらく１点を見つめている。

　　また，友達と関わって遊ぶことがほとんど見られない。

　　独り言が多く，興味のあることは積極的に繰り返し話す。話し出すと止まらない。

　　さらに，はさみ，箸，色鉛筆，クレパスなどの持ち方が定まっていない。本人も難しいといっている。

4　今後の課題

　本章では，保育者の考える「気になる子ども」についての問題が多岐にわたっており，課題も多数みられることが明らかとなった。八木は，養成大学での教員免許状更新講習の内容の調査から，発達障がいに関する最新の知見，いわゆる「気になる子ども」への対応方法や具体的な指導方法への研修ニーズが高いことを見出している[5]。

　もちろん教育や保育を展開するうえで，気になる子どもの，気になる行動について改善していくことも重要であろう。しかし，保育所や幼稚園などには，遊びながら周囲の環境と主体的に関わったり，子ども相互の影響力を活用することで，子どもの発達を促す機能が元来備わっているものである。

　近年，保育者が障がいのある子どもをあるがままに受け入れることを大切にする教育・保育実践や，そうした指導者の姿勢が周囲の他児に伝わり，成長をともに認め合うような実践が数多く報告されている。その意味においても，**インクルーシブ教育・保育**がますます進んでいくことが期待されている。

　今後の課題として求められることを，表10-1，表10-2にまとめたので参考にしてほしい。

表 10-1　早期発見の機会の充実

1）出産前後・障がいの発見時

・保健医療と福祉が連携する仕組みをより充実していくべきではないか。

2）1歳半児健診・3歳児健診

・障がいの発見から早期支援につなげる仕組みを充実していくべきではないか。
・健診を受けていない子どもについても，早期発見の仕組みが必要ではないか。

3）保育所などにおける早期発見の仕組みづくり

・障がいの発見は，保育園や幼稚園など，日常生活の場での「気付き」によることがある。とくに「気になる」（いわゆる**グレーゾーン**の）子どもは健診だけでは発見が難しい場合があり，保育所などにおける早期発見の仕組みが必要ではないか。

表 10-2　早期対応への取り組みの強化

1）対応の強化

・身近な市町村や，専門機関での対応を充実していくべきではないか。

2）「気になる子ども」（いわゆるグレーゾーン）への対応

・現行では，「気になる子ども」が発見された場合であっても，親や保護者の受容の問題などを理由として，十分な支援ができない状況があり，早期に親や保護者への支援（**受容の支援**）と子どもへの支援（**育ちの支援**）につなげる仕組みが必要ではないか。

5　まとめ

　渡辺らの全国調査では，保育所などでの子育て支援においては，保護者と支援関係をつくることが難しく，十分な支援を行うことができない事例が課題となっていることが指摘されている[6]。そこで，教育・保育現場における事例を収集し分析することを通して，有効な取り組みの示唆を得ることができた。分析の結果，成功事例では，おもに園内で行われた取り組みと，園と他機関との連携による取り組みが挙げられている。そのうち，保護者とコミュニケーションをとる取り組みは，どのような事例でも良好に推移していた。また，保護者に支援関係を作るのが難しい要因がある事例では，園内での取り組みが多い傾向が認められた。一方で，子どもの問題に関する事例では，他機関との連携が多かった。子育て支援の困難要因については，園，保護者，他機関の要因が挙げられている。今後，必要な取り組みについては，園，保護者，他機関，養成校，社会における取り組みが挙げられており，調査結果からは，園内での取り組みに加えて必要に応じて他機関と連携をとることの有効性と，子育て支援に関する体制整備の必要性が示唆されている。

■引用・参考文献■

1) 久保山茂樹ほか「〈気になる子ども〉〈気になる保護者〉についての保育者の意識と対応に関する調査」『国立特別支援教育総合研究所研究紀要』36, 2009 年, pp.55-76

2) 矢保由佳子, 青木紀久代「保育における〈気になる子どもたち〉多数園の実態の共有とその対処」『児童育成研究』20, 2002 年, pp.3-11

3) 中山智哉「〈気になる〉子どもの保育における保育者の感情的実践に関する研究—保育者の熟達化とクラス規模および〈気になる〉子ども在籍数の視点から」『子ども学研究』2, 2020 年, pp.1-15

4) 本郷一夫ほか「保育所における〈気になる〉子どもの行動特徴と保育者の対応に関する調査」『発達障害研究』25(1), 2003 年, pp.50-61

5) 八木成和「更新講習の必修領域と選択必修領域に関する現状と課題—2018 年度必修領域と選択必修領域の調査結果をもとに」『四天王寺大学紀要』68, 2019 年, pp.213-226

6) 渡辺俊太郎ほか「支援が必要と考えられる保護者に対する保育者の取り組み：アンケート調査における成功事例, 困難要因, 今後必要な取り組み」『大阪総合保育大学紀要』13, 2019 年, pp.25-36

7) 伊藤健次編『新・障害のある子どもの保育』みらい, 2011 年, pp.103-116

8) 青木豊編『障害児保育』一藝社, 2012 年, pp.110-122

9) 矢野正, 柏まり編『保育と人間関係』嵯峨野書院, 2012 年, pp.80-89

10) 厚生労働省『保育所保育指針解説書』フレーベル館, 2017 年

11) 青木豊, 藤田久美編『新版 障害児保育』一藝社, 2018 年, pp.9-16

■お勧めの参考図書■

①藤崎春代, 木原久美子『「気になる」子どもの保育』ミネルヴァ書房, 2010 年

②高山恵子『育てにくい子に悩む保護者サポートブック』学研プラス, 2007 年

③楠凡之『気になる子ども 気になる保護者—理解と援助のために』かもがわ出版, 2005 年

④本郷一夫ほか『「気になる」子どもの保育と保護者支援』建帛社, 2010 年

⑤NHK 編『どうする？ゆうきくん— NHK 学校放送みてハッスル・きいてハッスル』NHK 出版, 2008 年

⑥あーさ『めざせ！ポジティブ ADHD』書肆侃侃房, 2011 年

⑦青山新吾, 岩瀬直樹『インクルーシブ教育を通常学級で実践するってどういうこと？』学事出版, 2019 年

第 **10** 章

「気になる子ども」の理解と援助

演 習 問 題

Step1　気になる子どもの行動について，具体的に例を挙げて考えてみよう。

Step2　本文中の事例を読んで，自分ならこうするといった対応策を考えてみよう。

事例 1

事例 2

事例 3

事例 4

Step3　周りと交流して意見を聞き，参考になったことを書いてみよう。

外国籍や貧困を背景とした子どもの教育・保育

1 貧困を背景とした子どもの教育・保育

(1) 貧困とは

　みなさんは貧困と聞くと，どのような状況を思い浮かべるだろうか。着るもの
も食べるものも，住む場所もまともになく，その日その日を文字通り生き延びる
ことで精一杯…といった状況だろうか。貧困には2種類あり，上に挙げた状態を
「絶対的貧困」という。十分な医療も受けられず，人間として最低限の生存を維持
することが困難な状態のことである。世界銀行の定義によると，絶対的貧困層の
人びとは，日本円にして年間約8万円に満たないお金で生活することになる。日本
には生活保護制度があり，もちろんそれは完璧というわけではないが，制度上は絶
対的貧困に陥ることはほとんどないとされている。問題になるのは，もう一つの貧
困，いわゆる「相対的貧困」である。相対的貧困とは，国民を可処分所得の順に並べ，
その中央の人の半分以下しか所得がない状態を指す（表11-1）。つまりその国の
標準レベルの所得水準を大きく下回っている状態である。具体的には，親子2人
世帯の場合は，年収約172万円以下（公的給付含む）の所得状態を指す。

　2015年の日本の相対的貧困率は13.9％であり，これは先進国34カ国の中でも
10番目である。とくに，ひとり親家庭の貧困率の高さが際立っており，2015年
時点でひとり親家庭の相対的貧困率は50.8％と，2世帯に1世帯が相対的に貧困
の生活水準にある。

表 11-1　日本の相対的貧困の基準となる所得（世帯人数別／年収）

	相対的貧困線	中央値
1人世帯	1,220,000	2,440,000
2人世帯	1,725,000	3,450,000
3人世帯	2,115,000	4,230,000
4人世帯	2,440,000	4,880,000

（文献1より引用）

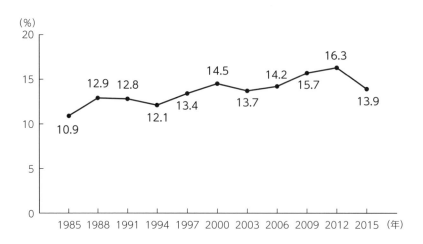

図 11-1　日本の貧困率の推移（文献 1 より引用）

（2）貧困の影響

　もちろん，お金があれば幸せで，お金がなければ不幸，といった単純な話ではない。しかし，確実に言えることは，相対的貧困世帯で育つ子どもは，食事・医療・教育などの面できわめて不利な状況に置かれ，将来も貧困から抜け出せない傾向があるということである。たとえば，保護者が長時間働いていることで，親子のかかわりが不足するかもしれない。家族で旅行に行ったり，誕生日や季節の行事を祝ったりといった体験をすることができないかもしれない。また，習い事をさせてもらったり，発達段階に合った本を必要なときに買ってもらうといった，教育の機会が不足するかもしれない。このような，日常生活におけるさまざまな不足が積み重なった結果として，周囲の子どもたちと比較して，必要な生活経験や知識が蓄積されないことが大いに起こり得る。中央教育審議会の 2005（平成 17）年の答申「子どもを取り巻く環境の変化を踏まえた今後の幼児教育の在り方について」の一節では，次のように述べられている。「幼児は，生活や遊びといった直接的な体験を通して，情緒的・知的な発達，あるいは社会性を涵養し，人間として，社会の一員として，より良く生きるための基礎を獲得していく」[4]。子どもが社会の一員として生きていくための基礎が，貧困によって奪われるということが現実に起きているのである。このような，「子どもが経済的困窮の状態におかれ，発達の諸段階におけるさまざまな機会が奪われた結果，人生全体に影響をもたらすほどの深刻な不利を負ってしまう」[2] のが「子どもの貧困」であり，解消すべき現代の社会的な課題となっている。

幼児教育の重要性

　2000 年にノーベル経済学賞を受賞したジェームズ・ヘックマン（James Heckman）は，30 年以上にわたる調査の結果から，5 歳までの教育が，人の一生を左右すると主張している。学業や仕事など，人生のさまざまな面で成功を得るために役立つ能力や意欲などの性格特性を築くうえで，幼少期（5 歳まで）はきわめて重要であると非認知能力（Non-Cognitive Skill）を培うことの重要性について述べている。

　教育基本法には，国民が「豊かな人生を送ることができる」ために教育を受け，学習することがうたわれている。そして豊かな人生を送るために身に付けるべき力として，「どれほど賢いか」という認知力と同様に，あるいはそれ以上に重要なのが，意欲や，長期的計画を実行する能力，他人との協働に必要な社会的・感情的制御といった非認知能力だと言われている。そして，それらを養ううえでの幼児教育の重要性が指摘されている。

　もちろん，学業や仕事で成功することだけが豊かな人生というわけではない。また，裕福な家庭なら必ず環境が整っていて将来が保障されるなどということもない。しかし，幼児期によりよい環境を子どもに提供できれば，その子どもの人生がよりよいものになる可能性が高まるという示唆は，幼児教育を志す者・実践する者に身の引き締まる思いと同時に，モチベーションを与えてくれるのではないだろうか。

(3) 目に見えにくい貧困

　日本における子どもの貧困の多くは，**相対的貧困**であることは先に述べた通りである。相対的貧困の状態におかれていても，最低限の衣・食・住は確保できていることも多く，表面化しにくいという難しさがある。さらに，保護者によっては，「自分の努力不足だと思われたくない」「恥ずかしい」「子どもが仲間はずれにされるかもしれない」などのさまざまな理由から，「貧困状態にあることを人に知られたくない」という意識があることも多い。あるいは，保育者から見ると，連絡がつきにくかったり，忘れ物が多かったりと，ただの「困った保護者」としてネガティブな捉え方をしてしまうこともある。現場の子どもやその保護者が貧困状態にあることを察知するための手がかりとしては，以下のようなものが挙げられる。もちろん，あてはまればただちに貧困というわけではないことに注意してほしい。

保護者の場合

・洗濯をしてこない。

・忘れ物が多い，持ち物に記名がない。

・登園時間がバラバラ，欠席しがちである。

子どもの場合

・朝から元気がなく，昼食をかきこむようにがつがつ食べる。

・衣類が汚れている。季節に合わせた服装をしていない。

・不安感が強い（大きな音や人の出入りに敏感など），落ち着きがない。

・アザやケガがあり，理由を説明したがらない。

(4) 教育・保育現場でできること

　幼児期の生活の場は，多くの場合，家庭と保育（幼児教育）の現場のみである。それだけに，教育・保育の場にいる保育者が子どもに関わり，さまざまな生活経験を提供することが，貧困がもたらす子どもの経験・機会の不足を補うことにつながるといえる。温かい給食を満足いくまで食べられることや，心のつながり合った仲間と楽しく遊ぶこと，自分が大切にされていると感じられる心の寄り添いがあることなど，恵まれた環境にある子どもにとっては日々当たり前に受け取っている一つ一つが，子どもの豊かな発育・発達につながっている。

　そして，貧困状態にある子どもの生活全体が改善されることを願うのであれば，子どもを直接支援するだけでは不十分であり，保護者と関わることは必須である。日々の何気ない会話のなかで信頼関係を構築しておくことはもちろん，場合によっては可能な範囲で衣服などの物品を貸与すること，家庭訪問などの個別相談支援を行うことなども考えられる。さらに，必要がありかつ保護者が望むのであれば，市町村役場の児童福祉担当課（保育課やひとり親支援課など），福祉事務所，社会福祉協議会，民生委員，民間の子育て支援団体などの関係機関につなぐこと，利用できそうな福祉制度を紹介すること，虐待やネグレクトを察知し児童相談所と連携することなどもあるだろう。

　なによりも，教育・保育の場が子どもにとって安心できる場所であること，保護者にとっても，自分を責めたり監視したりするのではなく，困った時には相談していいと感じられる場所であることが重要である。子どもの状況も，保護者の状況もケースバイケースなので，こうすればうまくいくといった特効薬のようなものは存在せず，決めつけや先入観を抜きにして，日々子どもや保護者に寄り添うな

表 11-2　入園・入学当初の外国人幼児児童生徒の姿の具体例

カテゴリー	具体例
ことばの理解，応答	・反応が少なく，理解できたか不明。 ・ことばがオウム返し。 ・ことばが通じないので，すぐ手が出る。 ・話そうとするが伝わらず怒る，母国語で怒って泣く。 ・同国の子が集まり，母国語で話しかたまってしまう。
集団行動・態度	・集団行動の意味がわからない。 ・話が理解できないので，みんなと座っていられない。 ・友達と積極的に関わるが，相手が嫌がる様子を一緒にふざけていると思ってやめない。 ・けがをしても傷を見せたがらず，どのような状況であったかを把握しにくい。
園生活について	・使った物を片付けない，上履き下履きの区別がない。 ・うがい，手洗い，歯みがき，トイレ後の手洗いをしない。 ・保護者が幼稚園の生活を理解できず困ったことが多い。 ・保護者に伝達事項が伝わらず，忘れ物などが多い。

かで，園・施設全体で対応や解決策を模索していくことが求められる。

2　外国籍の子どもの教育・保育

(1) 外国籍児童の現状

　出入国在留管理庁によると 2019（令和元）年 6 月末の在留外国人の数は，約 283 万人で，過去最高を更新している。人口が多い順に並べると，中国約 79 万人，韓国約 45 万人，ベトナム約 37 万人，フィリピン約 28 万人，ブラジル約 21 万人，インドネシア約 6 万人である。都道府県で多い順に並べると，東京都約 58 万人，愛知県約 27 万人，大阪府約 25 万人，神奈川県約 23 万人，埼玉県約 19 万人である。在留外国人の人口は，景気や国際動向にも左右されるが，長期的には今後も増え続けることが予想される。それにともない外国籍や外国にルーツのある子どももますます増え，その対応が教育・保育現場でも課題となっている。

　幼児教育の現場において，2016（平成 28）年に全国幼児教育研究協会により実施された調査結果[6] から，教職員が入園当初の様子について気になった外国人の

表11-3　保護者の気になる行動の具体例

カテゴリー	具体例
保護者への連絡事項	・丁寧に個別に行ったりして対応しないと伝わらない。 ・休みや遅刻の連絡がない。 ・日本語特有の言い回しは理解しにくかった。 ・配布物の理解ができているか連絡を取る必要がある。 ・保護者自身が園に伝えたいと思っていることが伝わらない。 ・必要に応じて外国人教師が対応。 ・小学校入学に際し，小学校からの説明会のプリントをもとに再度説明し，幼稚園教諭が一緒に確認した。
外国人保護者の思いや個別性	・あまり決まりを守ってもらえない。 ・初めての日本で自分は頑張っているとわかってほしいという主張が多い。 ・文化の違いを感じる。 ・3カ月ほどで園に来なくなり，まったく連絡が取れなくなった。
保護者同士の関わり	・ほかの保護者が積極的に話しかけなどをしてくれた。 ・母親，子どもともに，日本語は理解するが，母親はほかの保護者のなかには入らなかった。

　幼児・保護者の具体例を表11-2，表11-3に示す。

　これらの幼児・保護者に関する「気になる」点の多くは，言語や文化・生活習慣の違いに起因するものであり，厳しく指導するというよりは，いかに相手に寄り添いながら，望ましい行動を引き出していくかが重要であると考えられる。外国人幼児に対して，多くの教師が配慮していた内容としては，

> ・日本語をゆっくり，はっきり話すようにした。
> ・近くに座る，手をつなぐなど，個別の働きかけを行った。
> ・学級担任だけでなく，園全体で当該園児に配慮する支援体制にした。
> ・話したり表示したりするときに，イラストなどによる表示を多くした。
> ・周囲の友達から外国人幼児に声をかけるように促した。

　その結果，「友だちと遊ばない」「教職員からの指示がわからない」「話を聞こうとしない」「列に並んだり，順番を待ったりしない」などの気になる点については，入園後半年くらい経つと半数以上は見られなくなり，外国人幼児が学級の中で安定

してくると述べられている[6]。

　外国人の保護者への対応に関しても，現場の保育者は次のようにさまざまな配慮を行っている。

> ・日本語をゆっくり，はっきり話すようにした。
> ・子どもの様子や連絡など，個別の働きかけを行った。
> ・学級担任だけではなく，園全体で当該保護者に配慮する体制にした。

　このように，個別対応や園全体での協力体制による工夫を行っているが，園児以上に個人差が大きく，また約7割の子どもの行動は最後まで改善されなかったとされ，保護者側の行動変容を期待するというよりは，きめ細かい配慮をしながら信頼関係を築いていくことの必要性が指摘されている。

(2) 他の幼児児童生徒への影響

　外国籍の子どもが教育・保育の場にいることは，ほかの子どもにどのような影響を与えるのだろうか。上述の調査によると，9割以上の教師が，「ことばがわからなくても，遊びのなかで自然に交わる姿が多く見られるようになった」「困っている様子を見ると，助けようとする姿が多く見られるようになった」といった肯定的な心理的変化を感じているとされている。たとえことばが通じなくとも，自然なかかわりのなかで気持ちを通じさせたり，困っている人を助ける心が身に付いたりといった，子どもの成長が期待できる。外国籍の子どもに限った話ではないが，さまざまな個性を持った子どもたちを一カ所に集めつつ，それぞれの個性を尊重しながら教育・保育することは簡単なことではない。しかし，現場で保育者が子どもを思い，悩みながら模索し実行するなかでのあらゆる工夫や配慮が，子どもの新たな成長や多文化共生を促していくといえる。

自治体と連携した対応例

　関東地方のとある保育園では，園児のおよそ80％が外国人または，両親のどちらかが外国人か外国出身者であるという。保育園では，「おはよう」「さようなら」といったあいさつこそ9カ国語で行うものの，それ以外は全員日本語で話す。日本語を話せない子どもや保護者も多いなかで，保育者はどのようにしてコミュニケーションをとっているのだろうか。実は，この園には，市から派遣された「外国人相談員」がおり，日本語が

わからない保護者と保育園側との通訳や，園便りなどの翻訳を行うほか，子どもが保育園という環境に溶け込めるまで一緒に過ごすなどの橋渡し役を務めている。さらに，ベトナムや中国，カンボジア，ラオス出身の「外国人相談員」が活躍しているといい，このような取り組みは，外国人が多く暮らす地域を中心に，徐々に取り入れられている。

3 まとめ

　ここまで，外国籍や貧困を背景とした子どもの教育・保育について整理してきた。外国籍であったり，貧困状態に置かれていたりすることそのものは，医学モデルの見地からいえば，障がいではないかもしれない。しかし，外国籍であり，言語や文化的な違いが原因となり日本の教育・保育現場になじめず，十分な育ちや学びの環境が得られない・保障されない子どもが存在するという現実がある。また，貧困状態にあって，社会や周囲のサポートが十分に得られない子どもも，依然として多くいることが推測される。さまざまな政策や福祉制度によって厳しい状況にある子どもたちをサポートすべく，不断の努力が続けられている。

　子どもたちのよりよい育ちや学びを保障するために，現場の教育・保育者の努力と責務がある。「あの子は○○障がいだから」「あの子は外国人だから」「あの子のお家は貧しいから」と決めつけたり，先入観を持ったりすることよりも，目の前の子ども，また保護者の困り感に着目し，それを解決すべく日々取り組むためにも，さまざまな知識を身に付け，事例から学び，現場での実践に活かしてほしい。

■ 引用・参考文献 ■

1) 厚生労働省『平成 28 年 国民生活基礎調査』

2) 秋田喜代美ほか編『貧困と保育―社会と福祉をつなぎ，希望をつむぐ』かもがわ出版，2016 年

3) 全国社会福祉協議会，全国保育士会『保育士・保育教諭として，子どもの貧困問題を考える―質の高い保育実践のために』，2017 年

4) 中央教育審議会『子どもを取り巻く環境の変化を踏まえた今後の幼児教育の在り方について（答申）』文部科学省，2005 年

5) 厚生労働省編『保育所保育指針解説〈平成 30 年 3 月〉』フレーベル館，2018 年

6) 全国幼児教育研究協会『幼児期における国際理解の基盤を培う教育の在り方に関する調査研究―外国籍等の幼児が在籍する幼稚園の教育上の課題と成果から』，2017 年

7)『外国人"依存"ニッポン―お友達は外国人 どうする保育園の国際化』（2020 年 3 月 30 日閲覧）
https://www.nhk.or.jp/d-navi/izon/page/180523.html

8) ジェームズ・J・ヘックマン『幼児教育の経済学』東洋経済新報社，2015 年

9) 厚生労働省『保育所保育指針解説書』フレーベル館，2017 年

■ お薦めの参考図書 ■

①湯浅誠『「なんとかする」子どもの貧困』角川新書，2017 年

②朝日新聞取材班『増補版 子どもと貧困』朝日文庫，2018 年

③山野則子編『子どもの貧困調査―子どもの生活に関する実態調査から見えてきたもの』明石書店，2019 年

④松本伊智朗，湯澤直美編『生まれ，育つ基盤―子どもの貧困と家族・社会』明石書店，2019 年

⑤小西祐馬ほか編『遊び・育ち・経験―子どもの世界を守る』明石書店，2019 年

⑥佐々木宏ほか編『教える・学ぶ―教育に何ができるか』明石書店，2019 年

第 11 章

外国籍や貧困を背景とした子どもの教育・保育

演 習 問 題

Step1 あなたが住んでいる地域のひとり親家庭に対する経済的支援，医療制度支援，子育て支援などの諸制度を調べてみよう。

Step2 保育所保育指針のなかで，外国籍家庭について書かれている部分を書き写そう。

Step3 近年注目されている「非認知能力」について調べ，教育・保育の現場でどのように育むことができそうか，自分なりの考えを整理して書いてみよう。

特別支援教育・障がい児保育の実践例と対応

前章までに，それぞれの障がいの理解と援助や多様な支援や配慮を必要とする子どもの理解と援助を学んできた。それをふまえて本章では，保育所，幼稚園，認定こども園などの現場でよく見られる子どものケースを取り上げ，その特徴とあらわれ方，対応と支援の工夫について解説する。実践例から学び検討することで，新たな気づきとより深い理解，支援方法を見つける手立てにつなげたい。

1 自閉症スペクトラム障がい（ASD）

自閉症スペクトラム障がい（Autism Spectrum Disorder：ASD）といっても，さまざまなタイプがあるが，ここでは教育・保育現場でよくみられる社会的コミュニケーションの困難さ（対人関係をつくることの難しさ）におけるおもな3タイプを事例として挙げた。

> **事例1**
>
> 【A児（5歳児）】
>
> A児は電車が大好きで，登園すると教室の隅で（A児のお気に入りのいつも決まった場所）電車のおもちゃを並べ，ひとりで遊んでいる。お友だちが話しかけても反応せず，床に寝転がりながら電車を眺めている。家でもひとり遊びが多く，母親はできる限り関わろうと一緒に電車遊びをするが，A児が受け入れてくれる時もあれば，激しく抵抗してパニックになって奇声を上げたりする時があり，どのように関わればよいか，また園でお友だちとの関わりができるようになるのかと不安な気持ちを担任に打ち明けた。
>
> 【B児（5歳児）】
>
> B児は人見知りすることもなく，いつもにこにこ愛想のよい子である。B児は登園しても，自分から積極的にお友だちに関わらないが，集団で過ごすことを受け入れているようにみられる。B児が恐竜のおもちゃで遊んでいると，お友だちがその恐竜のおもちゃを取り上げてしまった。

その時 B 児は泣くでもなく，また怒りの表現も少なく，どちらかというとポカーンとした表情だった。B 児は，同年代のお友だちに比べて幼児語だったり，語彙も少なくことばの遅れがあるが，母親は発達がゆっくりなだけと担任に伝えている。

【C 児（5 歳児）】

　C 児はお友だちと関わることが大好きである。登園するとお友だち全員に「おはよう」とあいさつをして回る。お友だちがあいさつをしてくれないと何度でもお友だちがあいさつをしてくれるまで顔を近づけて「おはよう」を繰り返す。その執拗さにお友だちは怖がって C 児から逃げる。すると C 児は追いかけてお友だちの体を叩いてしまう。叩かれて泣いているお友だちに，C 児はまだ何度も「おはよう」と言い続けている。このようにお友だちと上手く関われないことに,母親はとても悩んでいる。

（1）自閉症スペクトラム障がい（ASD）の特徴

【A 児（5 歳児）】

1）いつも決まった場所，ひとり遊びなど。

　⇨興味や関心が狭く限定されていて,興味のあるものに没頭し決まりにこだわる。

2）床など冷たく気持ちの良いところに身体をべたっーとくっつけたりする。
　　床に寝転がりながら電車を眺めているなど。

　⇨触感覚が鈍麻な傾向にある。

3）母親が一緒に電車遊びにかかわろうとすると，受け入れる時や受け入れない
　　時があり，激しく抵抗してパニックになって奇声を上げたりする。

　⇨自分なりのこだわりがあり，予測不可能な展開になるとパニックになる。
　　奇声を上げるのは，ことばに対する理解が乏しいことに加えて，ことばによる表現が未熟なためである。

【B 児（5 歳児）】

1）人見知りすることもなく，いつもにこにこ愛想のよい子である。

　⇨人見知りすることや甘え泣きすることがなかったり，やや乏しい傾向にある。
　　危険予測などの推測や，推察する機能の働きが乏しいと考えられる。
　　人見知りというのは，知らない相手に警戒しているということであり，予測不能な状況になるかもしれないという不安や危険を感じる警戒心が育っていることが，人見知りという形であらわれる。

2）恐竜のおもちゃをお友だちに取り上げられても，泣くでもなくまた怒りの表
現も少なく，どちらかというとポカーンとした表情だった。

⇨同年代のお友だちに比べて幼児語だったり語彙も少なかったりと，ことばの
遅れがある。

通常お友だちとの遊びにおいて，おもちゃの取り合いはよくあるあたりまえの
ことである。「先生○○君にとられた」「○○君やめて。かえして」という口げん
かから，手が出るけんかになることも多いが，子どもの発達期における人と関わ
る学びにおいて，重要なプロセスであるともいえる。しかし，Ｂ児はどちらかと
いうと無反応状態である。保護者や保育者は，このような場面では必ず肯定的に
「お友だちに譲ってあげたのね」「やさしいのね」「がまんできたのね，いい子ね」
といったことばがけをすることが多い。本当にお友だちに譲る気持ちで起こした行
動なら，このことばがけは適切だといえる。しかし，Ｂ児のように，自閉症スペ
クトラム障がいによる人とのかかわりの乏しさや，言語コミュニケーションの困難さ
からのものである場合は，Ｂ児の感情表出や表現方法を養う機会を少なくすること
にもなり，注意が必要である。

【Ｃ児（5歳児）】

1）登園するとお友だち全員に「おはよう」とあいさつをして回り，あいさつを
してくれないと何度でもあいさつをしてくれるまで顔を近づけて「おはよう」
を繰り返す。

⇨お友だちとの交流を積極的に求めるタイプである。自分の要求を押付ける
ため，適切なかかわりができない。顔を近づけるのも，自分が予想してい
る反応を相手がしてくれるまで続けているだけで，本人は決していじわるや
脅かそうとしているのではない。

2）執拗さにお友だちは怖がって逃げる。するとまた追いかけて，お友だちの体
を叩いてしまう。叩かれて泣いているお友だちに，まだ何度も「おはよう」
と言い続けている。

⇨自分の決まりごとや要求を変えることが困難で，押し通してしまう。お友だ
ちが追いかけられてどんな気持ちか，また叩かれて泣いているのを見ても，
どんな気持ちなのかを想像することができない。その一方で，本人は決して
悪気がないのである。

（2）自閉症スペクトラム障がい（ASD）への対応と支援

【A児（5歳児）】

　お友だちとのかかわりが少なく，ひとり遊びを続けるA児には，まずは誰かといることを自然に慣れさせ，少しずつ他児と一緒にいることの動機付けになるように促したい。

> ① 保育者がA児の横に並び座る（保育者の片手分の距離を空ける）。
> ② 保育者も同じように保育者自身で電車遊びを始める（無理にA児の電車遊びに入らないことを心がける）。
> ③ A児が保育者や保育者が遊んでいる電車に興味を持ち，気付いたら他者との関わりの第一歩となる（A児が自分で周囲の環境に気付けるようにすることが大切である）。

　A児のようなタイプの場合，自分なりに遊びながら彼なりのやり方でイメージを持っている。他者が関わることで，そのイメージが壊されたりするとパニックを起こしてしまうことがあるので，A児のなかにある思いなどを十分に理解し，寄り添うことが大切である。

　保護者にも遊びを通した関わり方を伝え，同じような支援をしてもらう。重要なのは，本人が周囲に気付き，興味や関心を自発的に持つ機会を多くすることである。

【B児（5歳児）】

　愛想がよくいつもにこにこしているB児は，周囲から好意的にみられている。他者とのトラブルがまったくないことから，保護者や保育者にもむしろ育てやすい，保育しやすいいい子と思われており，障がいが気づかれにくい。学童期に入ってむしろ困難さが目立つようになり，これら3事例のなかで一番支援開始が遅くなってしまうケースである。診断名もついていないため支援がしにくいとするのではなく，B児が抱える困難さは何かを保育者は考え，日常のなかで最大限の配慮と可能な支援を心がけてほしいケースである。

　まずは言語の遅れがみられるので，保育者の対応としては，声を出すこと，話すことを中心に，またことばの意味や気持ちを多く添えて話しかけるよう心がけることが大切である。

　B児のことばの遅れについて保護者から相談された場合（保護者と保育者間で信頼関係ができているという前提），診断を出す目的ではなく，B児のことばの発達を促すために，専門機関への相談を勧めるとよいと考えられる。

【C児（5歳児）】

　C児のように幼い時から他者と適切な関わりができない子どもは，嫌われているために注意されたり叱られると思っていたりする場合が多いので，最初に「先生は○○君が好きよ」と伝えてから注意したり叱ったりするようにする。決して嫌いで叱ったりしていないということがわかれば，安心して聞いてくれるようになり，パニックになることが軽減される可能性がある。

> ① C児に人とお話をするときは，右手を伸ばした長さ分，離れて話をすることを教える。
> ② お友だちを叩いたら，お友だちが痛くて悲しい気持ちになることを，根気強く伝え続ける。

　他児や他者の悲しい，痛いといったことばの意味と，実際身体で感じることとが一致しにくいので，保育者には具体的なことばで表現し伝えることが求められる。

2　注意欠如／多動性障がい（AD/HD）

事例2

【D児（6歳児）】

　D児は教室で合唱をしている時も，お友だちに話しかけたり椅子から立ったり座ったりと動き回ることが多い。園庭でお友だちとかけっこや鬼ごっこをして遊んでいて，自分が負けそうになったり鬼になったりすると，急に泣き出したりお友だちを突き飛ばしたりする。先生が注意すると余計にパニックになり，その場から飛び出して逃げてしまう。

（1）注意欠如／多動性障がい（AD/HD）の特徴

　D児の事例にみられるように，**注意欠如／多動性障がい**（Attention Deficit / Hyperactivity Disorder：AD/HD）の特徴として，「状況にかかわらずにおしゃべりをして，話をじっと聞くことができない」「周りの様子が気になり集中できない」「遊びのなかで勝ち負けにこだわり，自分の思い通りにならないと気持ちを抑えることができない」「危険予測ができないので，まず行動に出てしまう」といった傾向がみられる。

（2）注意欠如／多動性障がい（AD/HD）への対応と支援

　どのような場面で，問題となる行動がよくみられるかを日々観察することが大切である。ひとつの作業が長続きしないのであれば，集中できる時間はどれくらいかを考え，子どもが動き始める前に作業の合間に動きを入れるなどの工夫をする。遊びにおける自分中心の行動は幼児期によく見られるが，お友だちと一緒に遊ぶにはお互いが思いやりを持つことが必要である。保育者が遊びに参加することで，その支えによって行動を抑えられる。また，ルールのなかで注意したり叱ったりする時に，保育者は日頃より自分の声をワントーン低くし，落ち着いてゆっくり話すことを心がける。保育者の声が高いと余計にパニックになったり，耳を塞いで逃げ回ることが多いため，クールダウンさせて話を理解させたい。

3　限局性学習障がい（SLD）

> **事例3**
>
> 【E児（6歳児）】
> 　E児は本を読むのが好きで，6歳児の年齢では少し難しいと思われる歴史の本もひとりで読むことができる。担任はE児が漢字も読めるので，文字は書けると思っていた。しかし，E児は文字を書くことが難しく苦手なようである。またE児は造形遊びにおいて絵を描くのも嫌いで，はさみもうまく使えない。

（1）限局性学習障がい（SLD）の特徴

　限局性学習障がい（Specific Learning Disorder: SLD）は，学童期に入り学習するなかで困難さが表面化することで気づかれることが多い。未就学児の場合には診断がつくのが難しいが，幼児期にも本事例のような障がいの傾向がみられる。E児の場合は文字や見たものを写せなかったり，書くという行為そのものが困難だったり，鉛筆がうまく握れなかったりする。はさみがうまく使えないのは目と手の協応力が弱いからであると考えられる。学習障がいの子どもには，斜視や**発達性協調運動障がい**（Developmental Coordination Disorder : DCD）が併存している場合が多い。発達性協調運動障がいの特徴として，以下のような動きの不器用さがみられる。

① 粗大運動　➡　走ったり跳んだりといった全身運動。

② 微細運動　➡　はさみを使ったり，ボタンを留めたりといった手先の運動。

③ 構成行為　➡　スキップや縄跳びをする，楽器を演奏するなどの組み合わせ運動。

（2）限局性学習障がい（SLD）への対応と支援

　文字や物をうまく写せないことが多いが，これはE児の視覚情報メカニズムではそのように見えて認知されているためで，否定しないことが大切である。「ちゃんと見なさい」「よく見なさい」と間違っていると決めつける前に，E児にはそのように見えているのだと保育者には理解してもらいたい。書く行為は，指，手，腕，肩の動きを使うものであり，これら各部位を少しずつスムーズに動かせるよう援助することを心がける。太い筆記用具や大きい紙などに書く練習をすると，少しずつ効果が出てくる。

　はさみを使う際は，利き手ではさみを持ちながら，もう片方の手で紙を動かしつつ，はさみを動かして紙を切る。まずは保育者の補助のもとではさみの先で紙を切る練習をさせ，次にははさみの中央で切る練習をするといったように，動きを細かく分けて一つひとつ練習させることが大切である。

　不器用でできないからさせないのではなく，できないのならどのように工夫すればできるようになるかを考え，たとえば小さくて細かい物ではなく，E児が切りやすい大きなサイズに変える。そうしてまずは達成感を与えることが，自己有用感を育てることに繋がる。

　斜視がみられたり，保育中に急に本などに顔を近づけたり，歩く時にすり足になるなどの行動がみられた場合は，視力低下などの疑いを保護者に伝え，医療機関と連携することも大切である。

4　外国籍の子どもの言語獲得の課題

事例 4

【F児（4歳児）】

　F児は父親の仕事で，1年前にベトナムから来日した。両親とF児の

3人家族で，父親は日本語を話せるが，母親は単語程度の日本語しか話せない。家では母国語のベトナム語で会話しているが，F児があまりしゃべらないのを両親は心配している。保育園でのF児の様子では，お友だちとのかかわりのなかで日本語を理解しているようだが，日本語での会話は単語を発するのみである。

（1）母国語形成の困難さへの理解

　F児にとって異文化における暮らしは，非常に困難をともなうことに保育者は心を寄せることが大切である。まずは母国語，その次に第二言語の獲得があり，**アイデンティティ**形成につながっていくが，F児の場合，母国語が確立されないまま，第二言語の使用が始まっている。ことばの遅れは母国語が確立がされていないことによるものなのか，言語発達そのものに遅れがあるのか，といったあたりの診断はつきにくい。そのため，まずは言語聴覚士による療育を始めることが，F児の困難さを軽減することとなる。

（2）外国籍の子どもへの対応と支援

　外国籍の子どもがいる場合，保育者がその子どもの母国の文化，生活習慣（食生活や食事のルールなど），物の考え方などを知り理解することが大切である。保育者や教育者がしっかり理解することが外国にルーツのある子どもの支援につながり，ほかの幼児児童生徒にとっても異文化理解を体験する貴重な機会となる。

　外国籍の子どもは，お友だちとのかかわりや活動の様子からは，日本語を理解しているように見えても，なんとなくしか理解していないことが多い。理解不足や行き違いを少なくするよう，活動の説明を絵や写真，ICT機器の活用などで視覚的にわかりやすくする工夫をする。

　外国籍の子どもだけでなく，どの子どもの親もことばの遅れについて心配はするものの，専門機関に受診するのをためらうケースが多々ある。ことばの遅れが気になる場合は，まず耳鼻咽喉科への受診を勧めるのがよい。たとえば，綿棒での耳掃除で耳垢を奥へ押し込んでいることがある。そのため聞こえが悪く，語彙が増えないというケースもあるので注意したい。

■ 引用・参考文献 ■

1) Wing L., Gould L. "Severe impairments of social interaction and associated abnormalities in children: epidemiology and classification" J Autism Dev Disord. 9(1) , 1979, pp.11-29

2) 伊都紀美子，木戸里香「個別学習プログラムにおける美術教育アプローチの試みII」『神戸女子大学教育諸学』24, 2010 年，pp.19-28

3) 永田和哉，小野瀬健人『脳とココロ—"好き・嫌い"のメカニズムを解明』かんき出版，2003 年

■ お薦めの参考図書 ■

①米澤好史『「愛情の器」モデルに基づく愛着修復プログラム—発達障害・愛着障害 現場で正しくこどもを理解し，こどもに合った支援をする』福村出版，2015 年

②井上雅彦『発達障害＆グレーゾーンの小学生の育て方』総合出版すばる舎，2020 年

③北山勝也監『発達の気になる子の学習・運動が楽しくなるビジョントレーニング 発達障害を考える 心をつなぐ』ナツメ社，2015 年

④井上雅彦ほか『発達が気になる幼児の親面接—支援者のためのガイドブック』金子書房，2019 年

⑤木村順『保育者が知っておきたい 発達が気になる子の感覚統合』学研プラス，2014 年

⑥池畑美恵子『感覚と運動の高次化理論からみた発達支援の展開—子どもを見る眼・発達を整理する視点』学苑社，2020 年

⑦諸富祥彦，大竹直子『スキルアップ 保育園・幼稚園で使えるカウンセリング・テクニック』誠心書房，2020 年

⑧野口晃菜，陶貴行『発達障害のある子どもと周囲との関係性を支援する』中央法規出版，2020 年

第12章

特別支援教育・障がい児保育の実践例と対応

演 習 問 題

Step1　子どもを観察するうえで，どういう点に着目すればよいか，ショッピング
　　　　　モールのプレイスペースなどで観察して書いてみよう。

Step2　注意欠如／多動性障がい（AD/HD）の子どもの特徴に適した遊びを考えて
　　　　　みよう。なぜその遊びを選んだか，その理由についても話し合ってみよう。

遊び１

理由

遊び２

理由

話合いの結果

Step3　子どもたちに異文化理解を学ばせるために，どのような支援や工夫がいる
　　　　　か，話し合ったことを書いてみよう。

病気の子どもの理解と支援
―子どもや保護者に寄り添う教育・保育とは―

　特別支援教育・障がい児保育を行ううえで重要なことの一つに，子どもや保護者の気持ちを汲みとれる力を身に付けることが挙げられる。本章では，入院中の子どもたちを支援する保育者などの立場から，医療現場において，入院・通院治療を受ける子どもと保護者の心理面への配慮，および多職種協働によるかかわりの実際などについて述べる。

1 入院生活における人的・物的な環境

　小児病棟では，医師，看護師，病棟保育士，分教室教員，ナースエイド，クラーク，ソーシャルワーカー，薬剤師，管理栄養士，理学療法士，作業療法士，放射線技師などの多職種が連携しており，各々の専門性を発揮しながら，医療・教育・保育活動にあたっている。

　小児病棟には，一般的に0歳から15歳未満の小児が入院し，治療を受けている。小児病棟は，さまざまな発達段階の子どもが生活する場となるため，まだ文字が読めない子どものために，絵や写真を使った表示をしたり，広い空間であるプレイルームに，いろいろなおもちゃや絵本，小中学生も楽しめる本などを配置している。また，分教室（院内学級）を併設し，学習環境も整備されている。さらに，小児感染症の関係で，小学生以下のきょうだいは，病棟内へ入ることができないため，きょうだい支援の一環として，病棟のドア越しにきょうだいの待機場所を設置し，保護者の面会中に安心して過ごすことができる空間を設けている。また，小児病棟では，春祭り，夏祭り，運動会，ハロウィン，クリスマスなどの季節の行事や，音楽療法・コーラス，紙芝居・読み聞かせなど，ボランティアスタッフなどによるさまざまなイベントが行われている。これらの活動は，子どもの成長発達を促すと同時に，心理的安定にもつながり，病気からの回復を早めることにつながっている。

　特別支援教育・障がい児保育の専門家は，医療現場では，分教室（院内学級）教員または，病棟保育士として勤務し，おもに小児病棟において入院中の子どもの教育および保育とその家族（保護者）への支援を行う。分教室教員や病棟保育士のかかわりは，入院中の子どもの成長発達に重要な役割を果たしている。病棟保育士は，イベントの担当やプレイルームの管理を担うこともある（表13-1，図13-1，図13-2）。

表1　入院生活における子どもと家族を取り巻く人的・物的環境（例）

多職種の連携	医師，看護師，病棟保育士，分教室（院内学級）教諭，ナースエイド（看護補助者・看護助手），クラーク（医師事務作業補助者），ソーシャルワーカー，薬剤師，管理栄養士，理学療法士，作業療法士，放射線技師など
安全・安楽のための物的空間	処置室，食堂，プレイルーム，分教室（院内学級），病室，廊下，ナースステーション，沐浴室・シャワー室，トイレ， 給湯室，出入り口，きょうだいの待機場所など
季節の行事やボランティアなどによるイベント	春祭り，夏祭り，ハロウィン，クリスマス，運動会，音楽療法・コーラス，紙芝居・読み聞かせなど

（文献 1 より引用）

図 13-1　分教室（院内学級）の一風景

図 13-2　お話会の様子（大阪市立大学医学部附属病院小児医療センター）

2 子どもの不安について

　病気で入院することになった子どもは，自分の病気が治るのかという直接的な不安だけでなく，さまざまな不安を感じて生活を送っている。

　たとえば，「学校や幼稚園，保育所に行けない」「勉強が遅れる」「友だちと会って遊べない」「両親やきょうだいにも会えない」など，家庭から病院のベッドに環境が変わるため，たくさんの心配事や不安を抱えることとなる。

　谷口は入院中の子どもたちにアンケート調査を行い，その不安の種類を5つに分類した。

①将来への不安
　　入院生活や病状などの現在の状況というよりも，退院後の生活や病気で入院してしまったという事実が，自分の未来に及ぼす影響といった将来の心配をしている気持ち。
②孤独感
　　家庭や地域の学校などの自分本来の生活環境から一人切り離されて入院している状況で感じる孤独。
③治療への恐怖
　　検査や治療への嫌悪感，恐怖感。また，検査が嫌だからこそ家族にもっといてほしいと願う気持ち。
④入院生活不適応感
　　スタッフの対応や病棟規則などの入院生活に関するなじめなさや不満に思う気持ち。
⑤取り残される焦り
　　学校の友だちから一人だけ離れて入院していることで，勉強や仲間の話題に遅れてしまうのではないかという焦りの気持ち。

（文献3より引用）

3 子どもの不安に対する支援と手立て

　このような子どもたちの不安に対しては，病院の医師や看護師など医療スタッフが日々対応するとともに，毎日の教育や保育のなかで子どもへの心理的な支援を行っている。

> 教育・保育の形態─病院にある学校─
> ①地域の小・中学校の院内学級。
> ②訪問学級（院内学級のない病院で入院している子どものもとに教員が出向く，
> 　いわば「授業の出前」）。
> ③特別支援学校の分教室（以下，①〜③を「病院にある学校」とする）。
> ④就学前の子どもたちには，病棟保育士が担当する。

（1）将来の不安がなくなるように

　入院中の子どもは，日常的な人間関係が制限される。家族と会えなかったり，家族と話す時間が少なかったりするため，「病院にある学校」の教員や病棟保育士は，子どもの不安や悩みに共感する感性や愛情を持つ必要がある。「病気のことは医師や看護師に任せる」のではなく，貴重な出会いの場ととらえて，入院している子どもに少しでもかかわるよう心がけるべきである。子どもにとっては，医師や看護師，「病院にある学校」の教員，病棟保育士，あるいは臨床心理士など，さまざまな立場にあるスタッフがかかわるほうが，子どもが心を開くチャンネルが多くなる。

　機会を見つけて子どもの声に耳を傾け，寄り添うことで子どもたちの心を開き，その子どもの抱えている悩みに共感することができる。たとえば，「退院して元気になり登校できるようになった子どもとのこと」を話したり，（お互いの保護者の承諾を得て）不安を持っている子どもに，同じ病気を克服して退院し元気に通学している子どもを引き合わせたりすることもある。

　「あの人のようになりたい」という「憧れ」を見出すことは，将来の不安の軽減につながる。また病院によっては小児がんの AYA 世代（Adolescent & Young Adult，思春期・若年成人を指し，15 歳から 39 歳の患者がこれにあたる）の病棟などで情報を聞いたり，就労支援の相談が受けられたりするところもある。

（2）孤独感に寄り添うために

　入院中，不安な子どもに対して楽しいことを提示することも，「病院にある学校」の教員や病棟保育士の役割である。その際，子どもたちがしたいことを否定しないことが最も大切である。

　手先が器用で工作が好きな子どもの長期入院の事例を紹介する。箱の中にいろいろな動物を紙で作って動物園を表現したり，レジスターや棚を紙で作ってコンビニエンスストアを箱の中に作ったりする子どもである。その作品の細かく巧みに作られている精妙さには，驚かされるものがあった。そのような子どもに「一人ぼ

っち」感があると感じられたときには，たとえば工作に必要な紙やはさみ，のりなどをベッドサイドまで持参するとよい。子どもと一緒に工作をするなかで，子ども自身から病気によって引き起こされるさまざまなつらさが語られることも私たちは多く経験する。

　「家族に心配をかけさせてはいけないので，自分の病気のことを家族に話さない」という子どももいる。そこで，子どもの側で一緒に**寄り添う**（being）人の存在が，孤独や不安を紛らわせるために必要とされる。

　思春期の子どもの場合，ベッドサイドでスマートフォンからいろいろな情報を得ていることが多い。インターネットは情報を得るのにたいへん重宝されるシステムであるが，残念ながら科学的な根拠に基づかない誤った情報やデマも数多くみられる。近くで寄り添う大人が正確な情報を伝えることで，余計な不安からも解消される。

　小さな子どもの場合は，孤独感からくる不安のために，人を叩いたりいたずらをしたりと，大人から見れば「わざと嫌なこと」をしてくることもある。無意識ではないかと思われる場面も見られ，大人の気を引くためにどうしたらよいかわからないためであることも多い。いわゆる「**試し行動**」と言われるものであるが，危険なことは注意しつつ，その行動の意味を理解し，子どもに「あなたのことが大好きで，かけがえのない存在だと思っている」というメッセージを伝え続けることが大切である。

（3）治療の恐怖の軽減のために

　注射や点滴，採血などのために針を刺されることは，子どもにとって恐怖であり，「泣く」のが日常である。とくに年少の子どもは，大人と違い「これからどんな苦痛なことをされるのか」という見通しがないために不安も多く抱く。病棟保育士や看護師は，子どもが安心して採血や検査，処置を受けられるように，日々次の2つの支援を行っている。

1）ディストラクション

　ディストラクションとは，子どもが採血や検査，処置を受ける時に子どもの好きなキャラクターのおもちゃで遊んだり，好きなDVDを観たりすることによって，その子の不安を紛らわせ，意識を楽しい方向にもっていくことで苦痛を和らげることをいう。

　病棟保育士や看護師との楽しい会話で気晴らしを行ったりすることも多い。最近地域の歯科や薬局では，治療が終わると「ガチャ」で景品がもらえるところが増えてきた。病院でもつらい検査や処置を一つやり遂げるたびに，子どもたちはシールや賞状，メダルなどのご褒美（トークンエコノミー）をもらう。それらを集めるこ

とを楽しみにすることで，治療を頑張るというサイクルの継続を目指す。頑張った証でもある。

2）プレパレーション

「これからこのような治療を行うのだよ」「このように MRI で検査を受けるのだよ」と，事前に子どもが理解できるわかりやすい方法で説明し，心理的な不安や恐怖を取り除く手法をプレパレーションという。実際には，MRI の模型を使って安心して検査が受けられるように説明したり，手術室の様子を写真で説明するなどして，子どもの不安を取り除く。

（4）入院生活不適応感の改善のために

入院している子どもたちは，行動の自由が制限される。一人で病院内にあるコンビニエンスストアに行くことはおろか，小児病棟から外に出ることができない。同じところにいなければならないことで，余計にストレスがたまる。

次に，小児がんで 1 年以上という長期にわたり入院している子どもたちにみられる不適応感の例を挙げる。

例 1）ベッドの水色のカーテンを見るだけでも嫌な気分になる。

検査結果が悪く，待ちに待った外泊の許可がおりないときなどは，子どもたちはショックを受ける。そのショックが続くと，子どもが入院の象徴だと意識している水色のカーテンを見ることさえ苦痛になることもある。

例 2）トイレの壁を見ただけでも気分が落ち込む。

体調が悪く，何度もトイレに行くことになったことのトラウマで，トイレの壁を見ただけで気分が落ち込むようである。

例 3）病棟での病院食で嫌な気分になる。

薬の副作用による味覚障がいから，吐き気をもよおす子どもが多い。そのため運ばれてくる病院食のにおいを感じたり，病院食の配膳車や配膳されたものを見たりするだけで吐き気をもよおす場合がある。

つらい思いがフラッシュバックすると訴える子どもたちには，自分の持っているゲーム機をイヤホンで聞くことで聞きたくない音を聞こえなくしたり，病院食を見えないようにしたり（配膳前に声かけをして配膳の有無や置き場所を確認する）などの

手立てを行う必要がある。長期入院で外泊や外出ができなくてイライラがたまってきたときには，可能な限りその子の好きなことを用意するのもよい。たとえば，前述の工作が大好きな子どもには思いっきり工作することを促し，テレビやDVDを観て落ち着く子どもにはテレビやDVDで気持ちをまぎらわせるようにする。

思春期真っ盛りの中学生・高校生，とくに女子の場合は悩みを何時間も話してくることもあるが，根気よく付き合い聞いてあげる（傾聴）ことも大切である。

(5) 取り残される焦りがなくなるように

1) 就学前の子どもの場合

入院中，子どもは体を思いっきり動かすことができない。大切な成長の時期に体をめいっぱい使って遊びきることができず，保護者はとても不安に思う。病棟保育士は，たとえ多くの制限があっても，ルールのある**遊び**（カードゲームやボードゲーム，すごろくなど），ごっこ遊び，製作遊びなど，室内やベッド上でもできる遊びを取り入れながら，その子どもの成長と発達を支援している。

同年齢の子どもの入院が少ない病院では，「おもちゃで友達と仲よく遊ぶ」「言いたいことを言い合う」「ときにはけんかをする」という経験も不足しがちになる。そのため，病棟保育士はプレイルームで幼児が遊んでいたら，同じような年齢の子を「○○ちゃんがいるので，一緒に遊ぼう」と誘い，複数で遊ぶことに心を砕く。そのなかでルールのある遊びを一緒に行ったり，一緒にお絵かきや工作をしたりすることで，情操豊かな社会性が育まれていく。たとえば，幼稚園や保育所等に通園している子どもと同じように工作をするべく画用紙や折り紙などを提示する。工作を通して子どもたちははさみの使い方を知り，絵の具やクレヨンで色を塗る方法を体得する。このような一連の活動で，手指の訓練や認知発達が育まれる。

病棟保育士は，保護者から「この子は入院生活が長いがうまくやっていけるか」と不安を聞くことが多い。その一方で，幼い子どもたちは柔軟性があるため，退院してから保護者から話を聞くと，問題なく大きなクラスの集団に入っていることが多い。

2) 小学生・中学生の場合

小学校・中学校に通う子どもが突然入院になれば，友達に会えないことや勉強が遅れることに対する不安にさいなまれる。「病院にある学校」の教員は，保護者に同意を得て，子どもたちがこれまで通っていた小・中学校（以下，前籍校という）に頻繁に連絡を入れる。その子どもが前籍校にいた時の様子，現在クラスメイトがどのような学習を行っているかなどを詳細に聞く。学級だよりや学年だよりなども送っていただくようお願いすることで，入院している子どもと前籍校との関係が

途切れないようにしている。

　クラスの友だちから励ましの手紙を送ってもらったり，千羽鶴をプレゼントされたりすることは以前からよくあるが，最近では LINE アプリやスマートフォンで録画された子どもたちからのメッセージが寄せられることも多くなった。

　近年，**情報通信技術（ICT）**の普及により，web 会議システムを簡単に利用することができるようになった。新型コロナウイルス感染症（covid-19）対策のため、全国各地で遠隔授業が行われるようになったが，病弱教育では 2008 年頃より先駆けて web 会議システムを活用した授業を行ってきた。

　最近とくに注目されている web 会議システムには，無料のツールも複数あり，「Zoom」「Webex」「Teams」などが広く用いられている。これらは病院と前籍校をインターネットで「つなぐ」のにも大変適している。たとえば，「Zoom」は，料金がかからず，1 対 1 ならば無制限（3 人以上では 40 分）で，顔と顔を見ながら話ができる。アカウントを登録しておけば 10 桁のミーティング ID を入力するだけで簡単につながることができる。ただ，web 会議システムはその脆弱性が指摘されている。パスワードをかける，あるいはミーティング ID を毎回変更するなど，個人情報の漏洩がないように十分留意する必要がある。

　また，映像を通してリアルに子どもたちが交流し一緒に授業を受けることは，入院している子どもの復学への意欲を育むことにつながる。前籍校での授業を VR カメラで撮影することも有効である。VR カメラで 360 度撮影すれば，ゴーグルをつけてみるとその場にいるかのような臨場感が得られ，ひととき入院中であることを忘れる体験ができる（いわゆる没入感）。

　復学時には，退院時**カンファレンス**を行う。前籍校からは担任をはじめ校長や保健室の先生である**養護教諭**，病院からは主治医と看護師，「病院にある学校」からは担任が集まり，子どもの学校生活で配慮する事項を話し合う。

　はじめに主治医の先生から病気の状況についてお話があり，続いて「歩いて登校ができるか」「教室を移動するときにエレベータを使えるか」「宿泊学習での配慮事項や食事制限について」「体育の授業の参加方法」「遠足の時の配慮」など，細かく打ち合わせを行う。安心して復学（再び前籍校に通うこと）できることを目指している。

4　保護者の不安について

　入院している子どもだけでなく父母やきょうだい，おじいさん・おばあさんなど家族も不安を持つ。**ドローター**（Drotar）は，先天性の障がいがある子どもの母親

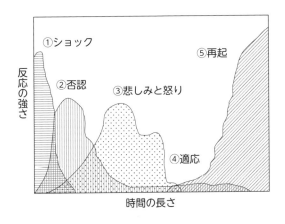

図 13-3　障がいの受容（文献 4 より引用，一部改変）

の心の変遷について発表している（図 13-3）[4]。

　病気を告知された保護者の気持ちの変化についても，この図式が参考になる。時間の経過とともに，①ショック，②否認，③悲しみと怒り，④適応，⑤再起という心の動き・変容をするというものであるが，それは①から②へ単純に進むというものではなく，それぞれのステージが重なり合いながら進んでいくものであることを示している。

5　保護者の不安を和らげる手立てについて

　病弱教育・保育の世界では，子どもの支援にとどまらず，家族への支援の必要性に迫られることもある。

(1)「聞く姿勢」を持つこと

　保護者から「この子の病気は本当に治るのか」「この子は再び学校でみんなと一緒に活動できるのか」といった悩みや葛藤を打ち明けられたら，「病院にある学校」の教員や病棟保育士は，まずは保護者の声をしっかり聞くことが大切である。

　「病院にある学校」の教員や病棟保育士は，医療や看護に直接責任を持たない立場であることから，逆に保護者からいろいろな悩みを気軽に打ち明けられることが多い。1995（平成 7）年の阪神淡路大震災以降，「傾聴ボランティア」が被災された方々の支援をするようになったが，つらい思いを真剣に人に聞いてもらうことで人は心が軽くなり，「しゃべってよかった」という気持ちになれるものである。

　もっとも，主治医ではない立場で「この病気は治る」とか「この病気の見通しは…」などと軽々と口にすべきではない。保護者から語られる苦悩を「一緒に受け止める」

存在でありたいものである。

　次に，米国の心理学者でカウンセリングの大家である**カール・ロジャーズ**（Carl Rogers）が，自らのカウンセリングの事例をもとに有効性を示した三大要素について紹介する[5, 6]。

---

①共感的理解（empathy, empathic understanding）

　　相手の話を，相手の立場に立って，その気持ちに共感しながら理解しようとする。

②無条件の肯定的関心（unconditional positive regard）

　　相手の話を善悪の評価，好き嫌いの評価を入れずに聴く。相手の話を否定せず，なぜそのように考えるようになったのか，その背景に肯定的な関心を持って聴く。そのことによって，話し手は安心して話ができる。

③自己一致（congruence）

　　自分で感じていることと相手に話すことばや態度が一致していること。自分が相手にありのままの姿を見せることは相手の心を開くことになる[5]。

　カウンセリングの技法に学びながら，「病院にある学校」の教員や病棟保育士は，つねにカウンセリングマインドを持って，傾聴と共感を繰り返すことで，保護者の不安に寄り添う姿勢を持ちたいものである。

（2）教員や病棟保育士の経験をもとに

　「病院にある学校」の教員や病棟保育士は，保護者から「先生，この子のことをどう思われますか」と聞かれることも多い。その際は，入院中頑張って治療を受け，今は元気に幼稚園に登園している子どものことや，中学生になり制服を着て分教室（院内学級）に遊びに来てくれた生徒のことなど，これまでかかわってきた子どもが病気を克服したケースについて話すと，保護者の方にとっても大きな励みになる。

（3）きょうだいの支援も大切に

　小児がんや心臓病などの重い病気をもつ「子どものきょうだい」のために活動している組織に，NPO法人「しぶたね」がある。その取り組みは「病院にある学校」の教員や病棟保育士にとっても大きな示唆を与えるものであることから，以下にその活動を紹介する[7, 8]。

きょうだいが入院すると，家族は入院している子どもに付きっきりになります。残されたきょうだいは家で一人ぼっちになることも多いです。「あなたは病気ではないのだから，一人でできるでしょう」「病気のきょうだいとお母さんを支えてあげてね」など，きょうだいはケアを提供する側と扱われがちです。

・きょうだいは親よりも長く病気や障がいのある姉妹と時間を共にします。

・きょうだいの悩みは生涯続くこともあり，つねに変化すると言われています。

　きょうだいのためのワークショップやイベント，日常生活などのきょうだいの支援を行っています。

（文献 7 より引用）

　このように，入院している子どもだけでなく，きょうだいにも声をかけることは重要である。小児病棟に入室できないきょうだいには，病棟の扉の外で声をかけたり遊んだりしてもらう。また分教室（院内学級）で一緒に勉強したり遊んだりすることも多い。

6　みんなで一人ひとりの子どもを支えよう

　「**多職種連携**」「**チーム医療**」ということばが，近年急速に広まってきた。

　入院している子どもについて，医師や看護師など医療スタッフも病棟保育士も「病院にある学校」の教員も，子どもの病気が治り元気に退院していくことを切に願っている。そのために多くの病院では，保護者の同意を得て，病棟のカンファレンスに病棟保育士や「病院にある学校」の教員が参加している。またお互いが日常的に声をかけ合い，連絡や調整が行われる。

　同じ方向に向かって支援をするためには情報共有をしっかりと行う必要がある。お互いの立場や専門性を「リスペクト（敬意を表する）」しながら，教育や保育の専門性を生かして子どもを支援することが重要である。

　一般的に，小児科は 0 歳から 15 歳未満の子どもを対象としている。同様に都道府県に設定されているほとんどの「病院にある学校」は中学生までを対象にしている。病気を発症した高校生の支援については単位認定などの難しさもあり，**病弱教育**における課題とされている。都道府県単位では通学していた高校の「遠隔授業」を受けることで単位が認められることも多くなってきたが，より一層の制度の改正が望まれる。

■ 引用・参考文献 ■

1) 森口由佳子「入院・通院治療を受けながら学校生活を送る子どもと家族への支援について」
『大阪市立大学看護学雑誌』16, 2020 年, pp.20-26

2) 森口由佳子ほか「小児看護学・小児医療と病弱教育の取り組みと連携」『大阪市立大学看護学
雑誌』12, 2016 年, pp.43-49

3) 全国病弱教育研究会編『病気の子どもの教育入門』クリエイツかもがわ, 2015 年, p.25

4) Drotar D. , et al."The adaptation of par-ents to the birth of an' infant with a con-geni-
tal malformation :A hypothetical model"Pediatrics. 56(5), 1975, pp.710-717

5) 厚生労働省, 中央労働災害防止協会編『メンタルヘルス教育研修担当者養成研修テキスト』
2010 年, pp.168-169（2020 年 5 月 28 日閲覧）https://kokoro.mhlw.go.jp/listen_001/

6) 伊藤博, 村山正治監訳『ロジャーズ選集（上）カウンセラーなら一度は読んでおきたい厳選
33 論文』誠信書房, 2001 年

7) 清田悠代（NPO 法人しぶたね）「病気をもつ子どもの〈きょうだい〉支援を楽しく体験してみよう」
『第 8 回日本小児診療多職種研究会実践ワークショップ資料』2020 年

8) NPO 法人しぶたねウェブサイト（2020 年 5 月 28 日閲覧）http://sibtane.com/

■ お薦めの参考文献 ■

①日本医療保育学会編『医療保育セミナー』建帛社, 2016 年

②全国病弱教育研究会編『病気の子どもの教育入門』クリエイツかもがわ, 2015 年

③全国特別支援学校病弱教育校長会編『特別支援学校学習指導要領等をふまえた病気の子どもの
ための教育必携』ジアース教育新社, 2020 年

④副島賢和『あかはなそえじ先生の ひとりじゃないよ―ぼくが院内学級の教師として学んだこと』
学研プラス, 2015 年

⑤小野次郎ほか編『特別支援教育にいかす病弱児の生理・病理・心理』ミネルヴァ書房, 2011 年

演 習 問 題

Step1 あなたが教えていた子どもが病気になり，長期に入院しなければならなくなりました。あなたは入院した子どもと保護者，クラスの子どもたちに対して具体的にどのような支援を行いますか。

Step2 長期に入院していた子どもが，再び通っていた学校に通園（通学）することができるようになりました。退院した子どもにどのような配慮が必要ですか。また，クラスの子どもにどのように伝えますか。書いてみましょう。

Step3 A児は小児がんで入院しています。クラスの子どもが「Aちゃん，なんで保育園に来ていないの」と担任に聞いてきました。あなたならどのように答えますか。そして，保護者からも同じように聞かれたら，どのように答えますか。また「Aちゃんはがんなの？」と噂になりました。あなたなら，クラスの保護者たちにどのように対応しますか。

病気の子どもの理解と支援
―子どもや保護者に寄り添う教育・保育とは―

第 14 章

幼稚園・保育所・認定こども園と小学校との接続

1 幼稚園・保育所・認定こども園と小学校との接続課題

　2007（平成19）年4月から，障がいに対する教育制度として新たに特別支援教育が始まった。特別支援教育は，特殊教育対象の障がいだけでなくLD，AD/HD，ASDなど知的な遅れのない発達障がいも含めた障がいのある幼児児童生徒を対象に，その一人ひとりの教育ニーズを把握し，その持てる力を高め，生活や学習上の困難を改善または克服するために，適切な指導および必要な支援を行うものであるとされ，今後の共生社会の基礎となるものとされた。

　野崎は，幼稚園・保育所・認定こども園と小学校との「連携」の重要性を指摘しつつ，まだ多くの課題を抱えているのが現状であると述べている[1]。幼稚園・保育所・認定こども園と小学校の連携を「交流」と「接続」の2つの概念に区別して現状をとらえたとき，「交流」はある程度進行しつつあるのに対して，「接続」については現場レベルの実践としてはなかなか期待通りに進んでいないとの見方が一般的で，その改善の方策として，幼稚園・保育所・認定こども園と小学校の双方のカリキュラムに一貫性を持たせることが期待されている。では，実際には幼稚園・保育所・認定こども園と小学校ではどのようなカリキュラム編成になっているのだろうか。

2 特別支援教育を対象とした保育の場と小学校の接続

　幼稚園・保育所・認定こども園と小学校教育の特徴（違い）を表14-1，表14-2に示す。石井は，幼稚園・保育所・認定こども園と小学校との接続を円滑に行うために，幼児教育カリキュラムの5領域と小学校の教科カリキュラムとの一貫性が重要になると述べている[3]。そこで求められるのが，小学校のカリキュラム概念の拡張である。

　一方，発達支援における幼稚園・保育所・認定こども園と小学校の連携については，伊勢が連携体制構築のために9つの条件が必要であると提案している[4]。

表 14-1　教育の特徴の比較

	幼稚園	小学校
教育のねらい・目標	**方向目標** (「〜味わう」「感じる」などの 方向づけを重視)	**到達目標** (「〜できるようにする」といった 目標への到達度を重視)
教育課程	**経験カリキュラム** (一人ひとりの生活や経験を重視)	**教科カリキュラム** (学問の体系を重視)
教育の方法など	**個人，友達，小集団** 「遊び」を通じた総合的な指導 教師が環境を通じて幼児の活動 を方向づける	**学級・学年** 教科などの目標・内容に沿って 選択された教材によって教育が 展開される

(文献 2 より引用，一部改変)

表 14-2　教育要領と学習指導要領の比較

幼 稚 園	小 学 校	
	低学年	中・高学年
健　　康 人間関係 環　　境 言　　葉 表　　現	国　　語	国　　語
	算　　数	算　　数
	生　　活	理　　科
		社　　会
	音　　楽	音　　楽
	図画工作	図画工作
	体　　育	体　　育
		家　　庭
	道徳・特別活動	道徳・総合的な学習の時間・特別活動など

(文献 2 より引用，一部改変)

①平時から情報提供できる雰囲気にあること。

②相互の意見を尊重し，支援の方法について議論できる雰囲気であること。

③「子どもの最善の利益」のために情報提供や議論が行われること。

④特別支援教育に関わる連絡窓口を指名しておくこと。

⑤共催の研修会を開くなどし，ほかの学校・園の理解に努めること。

⑥各種検査をツールとして用い，個別の教育支援計画に結び付けること。

⑦各担当者は「障がい」についての学び直しを何度も行うこと。

⑧連携のための予算を確保すること。

⑨可能であれば保幼こ小間の連絡会議に保健センターの保健師や教育委員
　会の指導主事などの参加を位置付けること。

このように，幼稚園・保育所・認定こども園と小学校において，研修会を通して仲間ができたり，そこで相談できたりする雰囲気づくりが重要であることがわかる。また，研究や会議を行うためには，予算の確保も大切であることが示唆されている。

　小保方らは，幼稚園・保育所・認定こども園における障がいのある子どもや個別の配慮が必要な子どもへの支援の現状と，保育者の抱える困難および必要な支援について調査を行っている[5]。その結果，半数以上の保育者が困難さを抱えていたとされる。教育・保育現場は，園研修や専門家による園訪問，障がいに対する専門的な知識と情報の入手といった専門的な内容についての情報が総体的に不足しており，保育者がそうした事柄を補う手立てが必要であると考察している。

　一方，小学校の現場については，大塚が幼小連携の実情と期待について，発達障がいなどの「気になる子ども」について，公立小学校の教諭を対象に調査を行っている[6]。その結果，連携があまりうまくいっていないと感じている教員が多いことが明らかになり，私立の幼稚園からは「情報を得られない」「引継ぎは前年度の1年生の担任が行っているため，直接幼稚園や保育所・認定こども園の担任から情報を聞き取ることができない」とされている。小学校教諭は，子どもの具体的な問題行動とその対処方法を知りたいと思っており，当該児童の具体的な姿やその対応策を実感できる情報を求めていると報告している。

(1) 就学支援シートの活用

　就学支援シートとは，子どもの発達や日常生活，集団生活において気になる点がある場合に，幼稚園・保育所・認定こども園・家庭・療育機関・医療機関から小学校あてにお知らせする重要な書類である。この就学支援シートの活用が十分にできていない現状がある。久原他は，意義のある幼小連携のために，小学校側のニーズに配慮しつつ，幼稚園での保育の蓄積を伝えられるような就学支援シートを作成した[7]。就学支援シートの内容などについて，幼稚園側が伝えたいことを**カンファレンス**のなかで見いだし，小学校側のニーズをインタビューによって明らかにし，双方にとって有効な就学支援シートの作成を試みた。幼稚園側は「対象児の具体的な姿を通して支援の方策を伝えたい」，小学校側は「集団における個人の支援についてポイントを簡潔に押さえたい」という意見が多く，伝えたい情報と知りたい情報の差異が見られた。小学校のニーズに応じて支援のポイントを簡潔に記載することは可能であったが，支援のポイントを中心に記載すると具体的な姿が表れないため，幼稚園で伝えたい対象児の姿や育ちが伝わらないことが危惧されている。このことから，就学支援シートというツールだけでの連携には限界があるものと考える。子どもの実態をもとにした小学校へのスムーズな接続を実現する

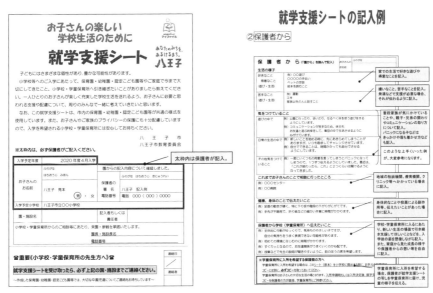

図14-1　就学支援シートの例（八王子市）（文献９より引用）

ためにも，小学校教諭と保育者が直接話をする機会を持つことや，お互いの教育・保育を理解し合うことが望まれる。

(2) 就学支援シートの一例

図14-1は，実際に八王子市で使用されている就学支援シートである。子どもの様子と気をつけていること，小学校に伝えたいことを，保護者が記入できるようになっている[8]。

斎藤らは，就学支援シートの必要性を述べるとともに，書面だけでは伝えたいことにズレが生じるとしている。シートでのやり取りを対面で行うメリットはあるが，時間的制約があるため，その機会をどのように保証するのか検討しなければならない。**発達障害支援センター**などの専門家にも相談に参加してもらうことで，幼稚園・保育所・認定こども園と小学校の連携や接続が深まることが示唆されている[9]。

(3) 小１プロブレムと就学前教育

幼児期と学童期における子どもの成長は本来連続的であり，幼児期の教育・保育と小学校の教育は合致しながら接続しなければならないものである。その一方で，就学前教育と小学校教育との連続性に問題があり，小学校が荒れ，子どもたちが学校生活に不適応を起こす「**小１プロブレム（問題）**」が問題視されてきた。そこで，さまざまな連携や接続のための取り組みが行われてきたが，依然として，

小学校段階への適応に困難さがみられる。

　学級崩壊の定義を国立教育研究所（学級経営研究会）「学級経営の充実に関する調査研究（最終報告書）」調査報告[10]では、「子どもが教室内で勝手な行動をして教師の指示に従わず、授業が成立しない学級の状態が一定以上継続し、学級担任による通常の手法では問題解決ができない状態に至っている場合」としている。その調査結果では、「教師の学級経営が柔軟性に欠けている（104学級）」「授業の内容と方法に不満を持つ子どもがいる（96学級）」となっており、「就学時前教育との連携・協力が不足している（20事例）」と続いている。

　以下、大前の調査[11]などを手がかりに、小1プロブレムについてまとめる。

1）小学校教諭が感じる「小1プロブレム」の実態

　さまざまな幼稚園・保育所から集まってきた子どもたちが一つの学級に集まるため、集団づくりや授業づくりを進めるうえでも、集団を統率しまとめるのが大変である。幼稚園と保育所・認定こども園の違いや、そこでどのようなことをどのように教えているかについて、小学校教員はより詳しく知っておく必要がある。

　小学校では1日何時間も学習することが求められるが、子どもたちはそれに慣れていないため、板書をノートに書き写すことや、座り続けることに慣れるのに時間がかかる子どもがいる。

　準備をしっかりしておけば混乱はない。初めてのことは、丁寧に手順を説明する。赤ちゃん扱いはしない、個別に支援が必要な子には手厚く支援するなどの工夫があれば、それなりに子どもたちは学校に適応していくことができる。

　また、「学びの自立」「生活の自立」「精神的な自立」に分類して、小学校での不適応について述べられるとよい。

2）施設間の格差

　大前の調査結果[11]から、小学校で生活するための自立を身に付けさせている幼稚園・保育所・認定こども園とそうでない園で、子どもの自立の態度が著しく違っている実態がみえてきた。自立を促すためには「小学校1年生でどの程度自立できたらいいのか」「幼稚園でどの程度まで自立できたらよいのか」について、就学前教育と小学校との間で、大まかな目安を共通理解として持っておくことが大切であると述べている。そして、幼児期の終わりまでに育ってほしい10の姿が明示されている。

3）支援システムの構築

　特別な配慮を必要とする子どもが，学級に多く在籍する場合の担任を支援するシステムが重要である。学校内外で相談できる人がいることが大切で，信頼できる同僚や外部カウンセラー等が必要である。

4）家庭教育の大切さ

　親が子どもに家庭内で生きていく基本的なスキルを身に付けさせることを**家庭教育**という。家庭教育がきちんと行われている場合，小学校においても生き生きと生活ができている傾向があるとされる[11]。家庭において基本的な教育がなされていない理由として，工藤は「**親の教育不足**」「**経済的貧窮**」「**社会的価値観の変容**」の３つを挙げている[12]。家庭教育は親に任されている部分があるが，地域全体で支えていく必要もあると考えられる。しかし，家庭での教育は個人的な価値観の問題であり，他人に介入されたくないと考える親もいる。「トイレのマナーができていない」「お箸が持てない」「ありがとう」「ごめんなさいが言えない」「順番が待てない」「好きな時間に好きなことをしてしまう」などが，小１プロブレムの具体例だが，工藤はその原因が家庭教育にあることを指摘している[12]。

　小１プロブレムを始めとした児童生徒の問題行動の解決を学校だけが担うのは限界がある。家庭での協力を得る必要があるとともに，地域社会が家庭教育を支える必要もある。具体的にどのような支援をしていくのかが，今後の課題と考えられる。

3　就学先決定までの流れと教育相談

　障がいのある幼児児童生徒にとっての教育権の重要性についてはこれまでに述べた通りであり，十分に尊重されなければならない。その就学先決定について，ここで整理しておきたい。保護者からの就学相談や教育相談を通じて，誰とどのような手順で子どもの就学先を決定していくのかは，ライフステージを見据えた具体的な支援を行ううえで，たいへん重要なポイントになってくる。

　障がいのある幼児児童生徒の就学先の決定に関わる変更として，中央教育審議会初等中等教育分科会「報告」によると，以下の提案がなされている。

> 　就学基準に該当する障害のある子どもは特別支援学校に原則就学するという従来の就学先決定の仕組みを改め，障害の状態，本人の教育的ニーズ，本人・保護者の意見，教育学，医学，心理学等専門的見地からの意見，

学校や地域の状況等を踏まえた総合的な観点から就学先を決定する仕組みとすることが適当である。その際，市町村教育委員会が，本人・保護者に対し十分情報提供をしつつ，本人・保護者の意見を最大限尊重し，本人・保護者と市町村教育委員会，学校等が教育的ニーズと必要な支援について合意形成を行うことを原則とし，最終的には市町村教育委員会が決定することが適当である。保護者や市町村教育委員会は，それぞれの役割と責任をきちんと果たしていく必要がある。このような仕組みに変えていくため，速やかに関係する法令改正等を行い，体制を整備していくべきである。なお，就学先を決定する際には，後述する「合理的配慮」についても合意形成を図ることが望ましい。

（文部科学省：共生社会の形成に向けたインクルーシブ教育システム構築のための特別支援教育の推進，平成24年7月）

　この提言を踏まえて，2013（平成25）年8月に「学校教育法施行令」が改正され，就学先の決定の仕組みが大きく変更された。それまでは，就学基準に該当する障がいのある子どもは原則，特別支援学校への就学を決定してきたが，今後は本人・保護者の意見を最大限に尊重し，教育的ニーズ（SEN）と必要な支援について，両者の合意形成を図ることを原則とするように改められたのである。

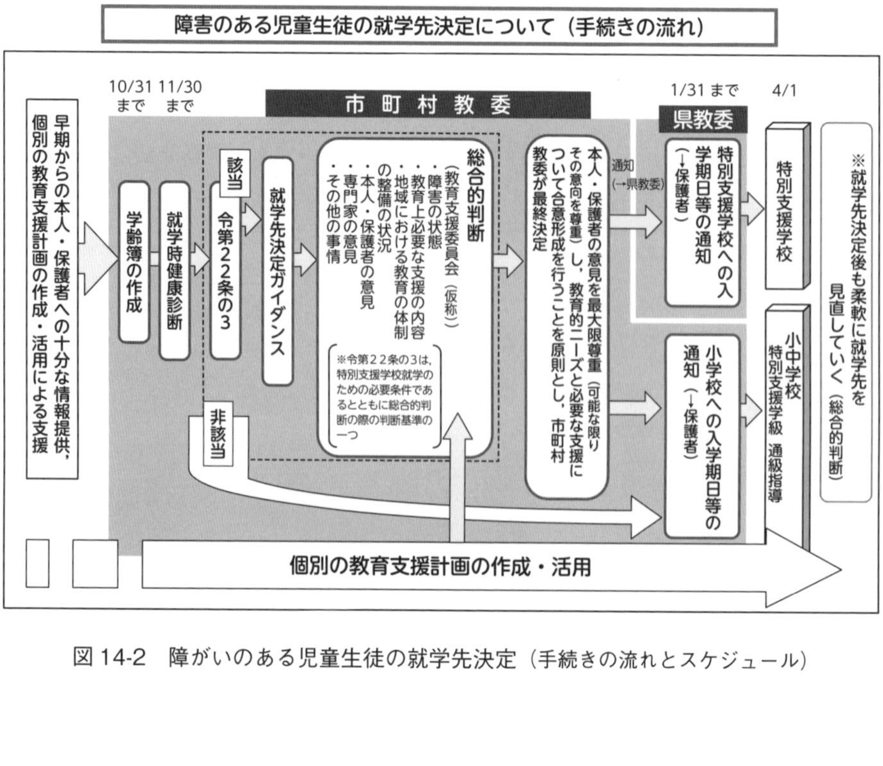

図 14-2　障がいのある児童生徒の就学先決定（手続きの流れとスケジュール）

表14-3　就学までの流れ

時　期	スケジュールと事項
4月～6月	担任保育者，園長と子どもの就学について相談を行う
6月～9月	教育委員会に就学相談を申し込む 就学相談を実施する 特別支援学級，特別支援学校の参観や見学を行う（随時）
10月～11月	就学時健康診断
12月～1月	就学判定通知を受け取る
2月	入学説明会・1日入学体験

　文部科学省が取りまとめた「教育支援資料」によると，就学後も継続的に「**教育相談**」や指導を行うことにより，就学先の変更をも含めた形で，子ども一人ひとりの教育的ニーズを踏まえた適切な指導をすることが示された（図14-2）。また，就学までの流れを簡潔にまとめたものを，表14-3に示す。小・中学校から支援学校への転学など，「学びの場」についての柔軟な見直しが可能となったことから，就学先決定に伴う保護者の精神的な負担の軽減にもつながることが，今後ますます期待されている。

　まず小学校に就学するにあたり，発達上において何らかの気になる問題や行動などが認められる場合に，専門の就学相談員と保護者が面談する場が「**就学相談**」である。

　就学相談・教育相談では，就学相談員と保護者が相談している間に，別の部屋では心理の専門家（公認心理師・臨床心理士・心理判定員など）が，子どもと話したり遊んだりしながら，心身の発達の状況などを観察・把握する。また，発達検査やアセスメントを行っていない子どもには，心理検査などを並行して実施する場合もある。

　このように就学相談では，保護者のニーズや子どもの教育的ニーズを丁寧に聞き取り，子どもや保護者の意見を尊重しながら，就学相談員や心理の専門家と協働のもと，対象の子どもにとって望ましい教育環境が整った就学先について考えていくことになっている。

　具体的な就学先が決まったら，子どもにとって最善の教育内容と学びの場が提供されるように，前節のような「就学支援ファイル（就学前の状況）」および「就学支援シート」が作成される。

　保護者が作成する「就学相談票」には，現在の教育状況のほか，就学を希望する学校名，障害者手帳の有無，就学支援ファイルの学校への送付の意思につい

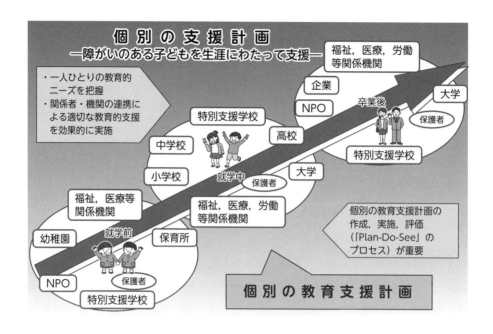

図 14-4　個別の支援計画と個別の教育支援計画（文献 13 より引用，一部改変）

て，確認をしておく。教育委員会は，「面接票」の作成，幼稚園や保育所，認定こども園などの関係者は「実態把握票」の作成，主治医などは「医師診断記録」を作成し，就学支援ファイルを逐次完成させていく。

　また「就学支援シート」は，園での指導内容などのほか，就学後も支援が必要と思われる内容などが記載される。このように，保護者や園，関係機関のさまざまな思いを学校へと「橋渡し」をしていく貴重な資料である。子どもの学びや発達の連続性というものが，就学後も保証されることが何より大切となる。

4　「個別の支援計画」と「個別の教育支援計画」について

　最後に，学校段階での切れ目のない支援を継続していくための取り組みについて解説をしておく。

　「個別の支援計画」とは，乳幼児期から学校卒業後までの長期的な視点に立って，医療，保健，福祉，教育，労働等の関係機関が連携して，障がいのある子ども一人ひとりのニーズに対応した支援を効果的に実施するための計画書である。その内容としては，障がいのある幼児児童生徒の教育的ニーズ，支援の目標や内容，支援を行う者や機関の役割分担，支援の内容や効果の評価方法などが考えられる。

この「個別の支援計画」を，学校園や教育委員会の教育機関が中心となって策定する場合には，「個別の教育支援計画」とも呼ばれる。つまり，「個別の教育支援計画」は「個別の支援計画」に含まれるものであり，「個別の支援計画」を教育機関が中心となって策定する場合の呼称であることについての理解が重要である。

　現在，全ての特別支援学校が「個別の教育支援計画」を策定している。さらなる特別支援教育の推進により，幼稚園，保育所，認定こども園から，小学校，中学校，高等学校等においても策定が進みつつあると言えよう。子どもの各発達段階を踏まえた「ライフステージ」を通じた一貫した相談・支援となるよう福祉，保健，医療，労働等の関係機関と連携しながら「個別の支援計画」(図14-4)を策定することが，教育現場ではますます期待されている。

■引用・参考文献■

1) 野崎司春「幼児期の教育から小学校教育への接続に関する考察―双方の教職員の認識に焦点をあてて」『帯広大谷短期大学地域連携推進センター紀要』4, 2017 年, pp.33-42

2) 文部科学省『幼児期の教育と小学校教育の円滑な接続の在り方に関する調査協力者会議報告書』2010 年

3) 石井英真「幼小連携における接続の問題 カリキュラムの接続を実現する方法」『教育方法の探求』(京都大学大学院教育学研究科・教育方法学講座) 9, 2006 年, pp.17-24

4) 伊勢正明「保育所・幼稚園・小学校間における発達障がい児支援のための連携体制構築条件の検討」『帯広大谷短期大学紀要』47, 2010 年, pp.11-20

5) 小保方晶子ほか「特別支援教育における幼小連携に向けた就学前教育における実践的課題：障害のある子どもへの支援に関する保育現場ニーズ調査より」『白梅学園短期大学教育・福祉研究センター研究年報』13, 2008 年, pp.61-65

6) 大塚類「『気になる子ども』に対する保育者の専門性―幼小連携における課題に着目して」『千葉大学教育学部研究紀要』60, 2012 年, pp.177-181

7) 久原有貴ほか「発達に課題のある幼児の就学支援シート作りに関する実践的研究 地域の小学校との連携を通して」『学部・附属学校共同研究紀要』(広島大学学部・附属学校共同研究機構) 41, 2012 年, pp.141-149

8) 八王子市「就学支援シート」(2020 年 3 月 30 日閲覧)
https://www.city.hachioji.tokyo.jp/tantoumadoguchi/015/001/p001140.html

9) 斎藤遼太郎ほか「保幼小連携と特別支援教育に関する文献検討」『東京学芸大学紀要総合教育科学系』68(2), 2017 年, pp.185-191

10) 文部科学省研究委嘱 国立教育研究所（学級経営研究会）『学級経営の充実に関する調査研究

（最終報告書）』，2000 年

11）大前暁政「小 1 プロブレムに対応する就学前教育と小学校教育の連携に関する基礎的研究」
『京都文教大学人間学研究所紀要』15, 2014 年 , pp. 19-32

12）工藤真由美「家庭教育の現状と課題」『四条畷学園短期大学紀要』43, 2010 年 , pp. 9-12

13）独立行政法人国立特別支援教育総合研究所『「個別の教育支援計画」の策定に関する実際的研
究』，2006 年 , p. 17（2020 年 7 月 28 日閲覧）

https://www.nise.go.jp/kenshuka/josa/kankobutsu/pub_c/c-61.html

■ **お薦めの参考図書** ■

①木下光二『遊びと学びをつなぐこれからの保幼小接続カリキュラム—事例でわかるアプローチ
＆スタートカリキュラム』チャイルド本社 , 2019 年

②文部科学省国立教育政策研究所教育課程研究センター『発達や学びをつなぐスタートカリキュ
ラム—スタートカリキュラム導入・実践の手引き』学事出版 , 2018 年

③三浦光哉編『5 歳アプローチカリキュラムと小 1 スタートカリキュラム小 1 プロブレムを予防
する幼保小の接続カリキュラム』ジアース教育新社 , 2017 年

④相良順子ほか『保育の心理学 第 3 版』ナカニシヤ出版 , 2018 年

⑤ヨシタケシンスケ『もうぬげない』ブロンズ新社 , 2015 年

⑥くすのきしげのり（作）, 石井聖岳（絵）『おこだでませんように』小学館，2008 年

演習問題

Step1 障がいのある子ども・気になる子どもが小学校に入学するために必要と思われるスキルについて，10の姿から具体的に例を挙げて考えてみよう。

Step2 障がいのある子ども・気になる子どもと幼稚園・保育所・認定こども園と小学校の連携で家庭・保育者・教員に必要なことを考えてみよう。

家庭に必要なこと

保育者に必要なこと

小学校教員に必要なこと

Step3 周りと交流してお互いの意見を聞き，参考になったことを書き出してみよう。

個別の教育支援計画

記入年月日　令和　　年　　月　　日

1　本人のプロフィール

ふりがな 氏名			性別		生年月日		年　　月　　日	

学校等 担任	年担任（通常・特学・通級）		年担任（通常・特学・通級）		年担任（通常・特学・通級）	
	年担任（通常・特学・通級）		年担任（通常・特学・通級）		年担任（通常・特学・通級）	

子どもの状況	《生活面》 □不注意　□人への関わり，社会的関係 □多動性　□言葉の発達 □衝動性　□こだわり　□基本的生活習慣	《学習面》 ◆国語　　　　　　　　◆算数・数学 □聞く　□読む　　　□計算する □話す　□書く　　　□推論する
	□好きなこと・得意なこと	
	《本人・保護者の願い》	□その他（上記のどの内容にも属さない内容については，ここに記述）

検査の記録等	検査名等	実施年月日	検査の結果，診断等

2　考えられる合理的配慮　〔◎…十分達成，○…おおむね達成，△…もう少し〕

観　点	合理的配慮	評価（◎・○・△）
学習上又は生活上の困難を改善・克服するための配慮		
学習内容の変更・調整		
情報・コミュニケーション及び教材の配慮		
学習機会や体験の確保		
心理面・健康面の配慮		
その他（支援体制や設備面等）		

3　プラン

卒業後の 進路希望	本人	
	保護者	
支援目標		

具体的な指導		場面	いつ	支援者・関係機関等	支援内容	結果（評価）
	家庭生活					
	余暇・地域生活					
	学校生活					
	医療・保健					
	福祉・労働					
連携機関	連携機関名		連絡先		支援内容や所見	
評価						

上記の情報を支援関係者（「○○施設」「療育機関□□」「△△保育園」）に開示することに同意いたします。

令和　　年　　月　　日　保護者氏名　　○○　○○　　㊞

146

個別の指導計画

作成年月日　令和　　年　　月　　日
記入者　〇〇支援学校　〇〇　〇〇

学校名	学年・学級等	ふりがな 氏名	性別
〇〇支援学校	小学部・1年	〇〇　〇〇	

支援目標	・小学部3年までに，排せつの自立を促す。 ・学校生活に慣れて，みんなと一緒に学習に取り組むことができるようにする。

項目	【　学期】目標	場	手立て	結果（◎・○・△）
I （学習面）		学校		
		家庭		
II （行動面・運動面）		学校		
		家庭		
III （対人関係・健康面）		学校		
		家庭		

評　価
・保護者，学級担任による個別面談を4月に実施し，支援ニーズの聞き取りを行った。また2月に同メンバーに本校コーディネーターが加わって，アセスメントおよび評価のための個別面談を実施した。 ・5月に〇〇保育園保育士と担任が，情報共有・交換を行った。 ・5月に，保護者，療育機関担当者，学級担任で支援チーム会議を実施した。 ・7月に，保護者，〇〇地域生活支援コーディネーター，本校コーディネーターで支援会議を開催し，支援目標や支援内容についての話合いを行った。 ・2月に，保護者，〇〇地域生活支援コーディネーター，学級担任で支援会議を行い，評価を実施した。 ・支援機関からは，「具体的な支援場面や支援方法を共有できてよかった。自分たちの支援の効果も知ることができた」という意見が聞かれた。 ・保護者からは，「このような機会を設けてもらったことで，福祉施設に対して要望が伝えやすくなり，協力が得られてよかった」という意見が聞かれた。 ・2月の「個別の教育支援計画校内ケース会議」において，「排便自立に向けた医療や専門機関からの情報提供の必要性も視野に入れてはどうか」との助言がなされた。

おわりに

「みんなちがってみんないい」教育・保育実践を目指して

「なぜAちゃんは，先生のお話を聞かずにふらふらと立ち歩いてしまうのか」「どうしてBちゃんは，自分の好きなことには熱中してもみんなと一緒に遊べないのか」「どうすればCちゃんは，他の子どもと同じように○○ができるようになるのか」。

これらは，保育・教育現場から寄せられた発達・療育相談の一部である。それに対して筆者は，「みんなちがってみんないい」という，金子みすゞ作品の一節を引用しながら助言することにしている。それは，子どもには多種多様な特性や発達の個人差があること，その背景にはさまざまな家族・家庭環境や価値観があるためである。では，「みんなとちがう」障がい特性を持つ子どもが集団の中に含まれている場合，保育者はどうすればよいのだろうか。

障がいとは，「機能・形態，能力，社会的不利」といった特性要因による，個人固有の困難さであり，生きにくさである。特別支援教育の制度化により，何らかの障がい特性を持つ子どもに対しては，「個別の指導計画」および「個別の教育支援計画」の作成が義務付けられた。一方，障がい特性とはいえないものの，人それぞれには得手不得手や個人差といった特性がある。

インクルーシブ社会とは，すべての人が，互いの特性を認め合い協同することができる「みんなちがってみんないい」社会にほかならないだろう。そして，そのような社会を実現するための第一歩が，教育・保育実践ではないだろうか。実践者は，子どもの個人差の幅が広いことも考慮し，年齢・月齢・日齢をも考慮した柔軟な目標・計画を設定する。ただし，設定通りの実践イコールよい教育・保育実践とは限らない。つねに子どもの様子や反応を観察しながら，柔軟に対応する必要もあるだろう。

「みんなとちがう」障がい特性を持つ子どもは，「困った子ども」ではなく，「困っている子ども」である。その理解と認識を持ちながら，これからの教育・保育実践を計画してほしい。そして，一人ひとりの子どもの発する言葉に耳を傾け，その嗜好や興味・関心事に丁寧にかかわり，共感的な姿勢を示してほしい。この2点が，本書を通して，これから保育者になろうとしているみなさんに伝えたいことである。みなさん一人ひとりが，「みんなちがってみんないい」教育・保育実践を目指すことを期待している。

2020年9月

石上 浩美

索引

執 筆 者 一 覧

【編著者】

小 川 　圭 子　（四天王寺大学）

矢 野 　　　正　（奈良学園大学）

【執筆者】（執筆順）

稲 田 　達 也　（豊岡短期大学）　　　　　　　　第1章

西 尾 　祐美子　（畿央大学）　　　　　　　　　　第2章

小 川 　圭 子　（編著者）　　　　　　　　　　　第3章

池 内 　昌 美　（大阪成蹊大学）　　　　　　　　第4章

野 村 　宗 嗣　（南九州大学）　　　　　　　　　第5章

中 　　　佳 久　（和歌山県立たちばな支援学校）　第6章

松 村 　朋 子　（大阪大谷大学）　　　　　　　　第7章

葉 山 　貴美子　（桃山学院教育大学）　　　　　　第8章

安 田 　誠 人　（大谷大学）　　　　　　　　　　第9章

矢 野 　　　正　（編著者）　　　　　　　　　　第10章，第14章3節・4節，
　　　　　　　　　　　　　　　　　　　　　　　巻末資料

原 田 　敬 文　（豊岡短期大学）　　　　　　　　第11章

大 西 　清 文　（豊岡短期大学）　　　　　　　　第11章

正 木 　泰 次　（和泉市民生委員）　　　　　　　第11章

木 戸 　里 香　（甲子園短期大学）　　　　　　　第12章

森 口 　由佳子　（関西福祉科学大学）　　　　　　第13章

橘 岡 　正 樹　（大阪府立刀根山支援学校）　　　第13章

佐 藤 　　　薫　（大阪府立光陽支援学校）　　　　第13章

鈴 木 　由 美　（聖徳大学）　　　　　　　　　　第14章1節・2節

田 中 　いずみ　（湯沢町立湯沢中学校）　　　　　第14章1節・2節

堂 前 　芳 子　（石川県教育委員会）　　　　　　第14章1節・2節

石 上 　浩 美　（奈良佐保短期大学）　　　　　　おわりに

編者紹介

小川 圭 子（おがわ けいこ）

兵庫県生まれ。筑波大学大学院人間総合科研究科修了。博士（学術）。四天王寺大学教育学部教授。学校心理士・ガイダンスカウンセラー。専門は幼児教育学・保育学。「発達障害児を担当する保育者の研修内容の構成に関する研究」「協同する経験を豊にするための保育者の援助に関する研究」「地域に根ざした子育て支援に関する研究」などを行っている。

〈主著〉『乳幼児保育の理論と実践（共著）』（ミネルヴァ書房），『「うちの子，ちょっとヘン？」発達障害・気になる子どもを上手に育てる17章（共著）』（福村出版），『障がい児の理解と支援（共編著）』（嵯峨野書院），『新・保育と環境』（共編著，嵯峨野書院），『保育者論──子どものかたわらに（共編著）』（みらい），『子育て支援の理論と実践（共著）』（ミネルヴァ書房）ほか多数。

矢 野 　正（やの ただし）

愛知県生まれ。大阪総合保育大学大学院児童保育研究科博士後期課程修了，博士（教育学）。現在は，奈良学園大学人間教育学部教授。特別支援教育士，学校心理士SV。専門は教育心理学，臨床教育学，教育実践学。「教師としての熟達化」「子どもの発育発達と体力測定」「学級づくりと生徒指導」「特別支援教育とインクルーシブ教育」「魅力ある道徳授業とカリキュラムづくり」「臨海学校の教育効果と安全管理」等の研究を行っている。

〈主著〉『教育心理学──保育・学校現場をよりよくするために』（共編著，嵯峨野書院），『新・保育と環境』（共編著，嵯峨野書院），『保育と人間関係』（共編著，嵯峨野書院），『教師力を高める学級経営』（単著，久美出版），『生徒指導・進路指導論』（単著，ふくろう出版），『医療福祉学総論』（共著，金芳堂）ほか。

実践にいかす 特別支援教育・障がい児保育の理論と支援 　　《検印省略》

2020年9月30日　第1版第1刷発行

編 著 者　小 川 圭 子
　　　　　矢 野 　 正
発 行 者　前 田 　 茂

発 行 所　嵯 峨 野 書 院
〒615-8045　京都市西京区牛ヶ瀬南ノ口町39　電話(075)391-7686　振替 01020-8-40694

©Keiko Ogawa, Tadashi Yano, 2020　　　　　創栄図書印刷・吉田三誠堂製本所

ISBN978-4-7823-0600-0

新・保育と健康

三村寛一・安部惠子 編著

子どもたちの発育・発達の理解を深め，健康な心と体を育むための幼児教育を考える。幼稚園等での実践例も数多く盛り込んだ1冊。

B5・並製・142頁・定価（本体2200円＋税）

保育と人間関係

矢野　正・柏　まり 編著

人との関わりが希薄化する現代，子どもの育ちをとりまく問題を取り上げ，子どもを伸びやかに育てるための人間関係を考える。実践事例も数多く掲載。

B5・並製・142頁・定価（本体2150円＋税）

新・保育と環境

小川圭子・矢野　正 編著

子どもの生きる力を育むために必要な環境とは？　さまざまな人や物との関わりを通した保育環境を，豊富な実践事例とともに平易に解説。保育に携わるすべての人への入門書。

B5・並製・176頁・定価（本体2400円＋税）

保育と言葉 ［第2版］

石上浩美・矢野　正 編著

子どもの社会性やコミュニケーション能力の基盤は，言葉である。言葉の発達過程をわかりやすく解説し，保育・教育現場での活動や言葉の支援など実践事例も多数紹介。

B5・並製・122頁・定価（本体2100円＋税）

新・保育と表現
―理論と実践をつなぐために―

石上浩美 編著

子どもは何を感じ取り，どのように伝えるのか。子どもの発達特性を解説しながら，豊かな感性と想像力を育む表現を，生活の中にある音・風景・自然，子どもの遊びから考える。

B5・並製・168頁・定価（本体2400円＋税）

教育心理学
―保育・学校現場をよりよくするために―

石上浩美・矢野　正 編著

よりよい「現場」づくりのための理論的背景として「教育心理学」の知見をはめ込むことを試みた。さまざまな「現場」で子どもと関わっている多くの方の問題解決のヒントとなる1冊。

B5・並製・148頁・定価（本体2150円＋税）